DIAGNOSTICS

ESSAI DE PHYSIOLOGIE SOCIALE

GUSTAVE THIBON

DIAGNOSTICS

ESSAI DE PHYSIOLOGIE SOCIALE

PRÉFACE DE GABRIEL MARCEL

Fayard

A MES AMIS

Marcel Malcor

ET

Paul Specklin

Ces pages ont été écrites il y a presque un demi-siècle, très exactement entre 1936 et 1939, et publiées pour la première fois en février 1940, c'est-à-dire avant le déchaînement de la Seconde Guerre mondiale.

Ont-elles vieilli ? A quelques détails près, je ne le crois pas. Les maux diagnostiqués restent identiques et, dans l'ensemble, ils se sont même aggravés, ce qui assombrit encore le pronostic.

Veut-on des exemples ?

Je relis le chapitre consacré aux rapports entre la morale et les mœurs. J'y parlais d'une moralité abstraite et désincarnée surnageant à l'effondrement des mœurs. Or les mœurs continuent à se dégrader et la moralité elle-même, ce dernier rempart contre le désordre, s'évanouit à son tour.

Ou celui sur le surmenage affectif dû aux conditions de la vie moderne. Là encore, l'envahissement de notre espace intérieur par la marée toujours montante des informations et des spectacles diffusés par les media, le chassé-croisé permanent des besognes et des distractions qui dévorent notre temps sans le remplir, le désir d'évasion toujours attisé et jamais satisfait, qui tient du prurit plus que de la faim — tous ces phénomènes témoignent d'une érosion plus marquée encore de la substance même de l'être humain.

Ou enfin les pages concernant les effets dissolvants

du collectivisme et de l'étatisme sur la santé morale des individus et la cohésion vivante des communautés. N'est-ce pas toujours les mêmes utopies fleurissant aux dépens des mêmes réalités ?

Les progrès vertigineux, imprévisibles il y a 50 ans, de l'informatique et de la biologie (la machine tenant lieu de pensée, les greffes d'organes, les manipulations génétiques, etc.) amplifient aujourd'hui cette menace de dénaturation (le mot allemand *Verwesung* serait plus expressif) des sources profondes de l'existence.

Faut-il condamner en bloc tous ces progrès ? Nous assistons à une révolution sans précédent dans l'histoire, et l'absence de références dans le passé rend incertaine toute prévision de l'avenir. « La tragédie de l'homme moderne, a-t-on écrit, est de mettre sa fin dans le perfectionnement des moyens. » Or les moyens coupés de la fin se retournent contre leur auteur. Et l'unique problème se pose ainsi : l'homme, investi de pouvoirs démesurés sur la nature et sur lui-même, saura-t-il dominer et sélectionner ces moyens en vue de sa fin ou succombera-t-il sous leur puissance désorbitée ? Sera-t-il le vainqueur ou la victime de ses conquêtes ?

La révolution technique appelle, exige une révolution spirituelle — celle-ci ne pouvant être, selon l'expression de Simone Weil, que « le retour à un ordre éternel momentanément perturbé ». Un ordre fondé à la base sur le respect de la nature et de ses limites et au sommet sur le retour à Dieu, seul dispensateur d'un infini qui nous attend dans l'éternité et que nous cherchons pour notre ruine sur la terre et dans le temps.

Juin 1985

PRÉFACE

J'ai tenté naguère d'attirer l'attention des philosophes sur ce mystère de la rencontre, dont la pensée des spécialistes tend à se détourner comme de tout ce qui est contingent et, ajouterai-je, de tout ce qui nourrit l'âme. Je ne connaissais pas alors Gustave Thibon, j'ignorais jusqu'à son nom. C'est seulement au cours de l'été 1939 que je devais prendre contact avec lui. Comment ne serais-je pas persuadé que nous étions appelés à nous joindre et à collaborer activement dans une même investigation passionnée ? C'est la lecture des pages sur l'esprit d'économie, d'abord publiées en revue, qui éveilla en moi l'impérieux besoin non seulement de questionner sur lui ceux de mes amis qui avaient le privilège de le connaître — mais encore de lui écrire, de lui dire ma fervente adhésion. Pourquoi ces quelques pages, qui figurent dans le présent volume, trouvèrent-elles en moi un tel écho ? J'admirai d'abord l'extraordinaire vitalité de la pensée — une pensée réaliste au sens le plus plein du mot — mais aussi le bonheur des formules. Il en est de fulgurantes : « Le socialisme confond réserves et inutilité... il a la phobie de l'épaisseur. » Et celle-ci : « Dans tous les domaines, celui qui gaspille le plus donne le moins... L'homme économe nourrit l'avenir, le gaspilleur le vampirise. » J'ignorais encore à ce moment que Gustave Thibon avait écrit des centaines d'aphorismes qui suffiraient à la gloire d'un écrivain. Il faudra bien qu'on en publie quelque jour — le plus tôt possible — un choix : j'ose affirmer que tous ceux qui liront ces aphorismes seront éblouis. On en trouvera du reste plus loin quelques spécimens.

Qui donc est Gustave Thibon ? Un religieux ? ou plutôt un universitaire ? un philosophe professionnel ? un économiste ? un médecin ? Non point : c'est un paysan, au sens le plus précis du terme, un paysan qui, Dieu merci, est resté paysan ; qui n'a par conséquent jamais perdu contact avec « ces vastes réserves de fraîcheur et de profondeur que créent dans l'âme la communion étroite avec la nature, la familiarité avec le silence, l'habitude des paisibles cadences, d'une activité accordée aux rythmes primordiaux de l'existence ». Il appartient au fond à la même famille qu'un Pourrat ou un Roupnel, qui, fort heureusement, n'ont jamais rompu les liens qui les unissent à leur terre natale, au Livradois, à la Bourgogne. Tout de même, Roupnel est universitaire et même romancier ; Pourrat est romancier lui aussi. Je conçois mal que Gustave Thibon écrive jamais un ouvrage d'imagination, ce qui ne veut d'ailleurs pas dire qu'il en serait incapable : rien ne saurait surpasser la saveur de ses récits lorsqu'il narre les faits et gestes de ses voisins. Ce qui est exceptionnel dans son cas, c'est qu'une jonction s'opère spontanément en cette âme, cette intelligence privilégiée entre l'expérience immédiate, celle des travaux journaliers, et la spéculation la plus haute, la vie mystique elle-même. Comment est-ce possible ? J'avouerai sans ambages qu'à mes yeux une destinée comme celle-là s'enracine dans la métaphysique et défie toutes les explications que psychologues, sociologues, idéologues de tout acabit tenteraient d'en proposer. Bien plus, elle suffit à réfuter les prétentions absurdes qui recouvrent le sol avare et mal drainé d'une certaine impuissance universitaire. Au sens le plus fort du mot, Thibon est un autodidacte. Il n'a d'autre diplôme, à ma connaissance, que le certificat d'études primaires. De très bonne heure, il dut aider son père, vigneron des environs de Pont-Saint-Esprit. Mais il vint un moment où la passion du savoir s'abattit sur ce petit cultivateur ; et par chance, un de ses camarades qui avait hérité d'une bibliothèque la mit à sa disposition. Sans jamais délaisser son travail, il trouva moyen d'apprendre tout seul le latin à fond, le grec, l'allemand et les mathématiques, de lire les philosophes et les poètes : il sait des milliers de vers par cœur. Mais en même temps, par une libre démarche de son esprit, il accédait à la plénitude d'une foi catholique qui devait satisfaire toutes les aspirations de son intelligence, et non pas seulement une affectivité dont il s'est toujours méfié. Il y a plus étrange : de son aveu même, l'écrivain qui a exercé sur lui, peut-être avec Pascal, l'influence la plus profonde est probablement Nietzsche ; c'est trop peu dire : je suis enclin à penser que c'est Nietzsche qui l'a révélé à lui-même ; beaucoup d'aphorismes de Thibon sont essentiellement nietzschéens et par la forme et par l'élan, par le nisus intérieur.

« Bien des choses ici-bas doivent être seulement contemplées — et non pas goûtées ni touchées — bien des choses pour nous doivent être étoiles ! L'objet qui enivre le plus tes regards, garde-toi de tendre trop vite vers lui l'avidité de tes lèvres. Sinon ton amour se fanera : tu n'es pas encore un ange pour que tu puisses étreindre une étoile avec pureté. »

Je citerai encore ce dialogue :

« A celui qui se sacrifie. — Est-ce toi que je vois lutter et souffrir pour cette cause impure ? — Comment oses-tu me reprendre ? Ne vois-tu pas que je me suis arraché au repos et au bonheur, ne vois-tu pas que je sombre ! — Je le sais. Mais c'est dans l'eau sale que tu te noies ! — Qu'importe l'eau, puisque je sombre ! — Éloigne de toi cette avarice dernière. Mieux que ton port tu dois choisir ton écueil. Plus que tes raisons de vivre, pèse et purifie tes raisons de mourir. Loin de ces eaux riveraines adultérées par la boue des fleuves et le trop-plein des égouts, tourne tes yeux vers l'extrême horizon de la haute mer, où la paix du ciel se marie à la bataille des flots. Jusque-là, jusqu'à cette solitude, jusqu'à ce silence, tu n'as pas le droit de sombrer. »

En Nietzsche, c'est l'ascète, me semble-t-il, que Thibon admire par-dessus tout ; c'est d'une ascèse de l'esprit, de l'intelligence elle-même qu'il s'agit ici — celle par laquelle il nous est donné de combattre toutes les formes que peut présenter notre complaisance à nous-mêmes, de percer à jour toutes les comédies que nous nous jouons et dont nous sommes dupes. Rien de plus nietzschéen qu'une certaine horreur de la fausse gravité, du faux tragique, des uniformes et des défroques dont nous nous affublons pour représenter ce qu'en réalité nous ne sommes point ; que le goût passionné d'une vibration éthérique de l'être qui évoque l'ivresse familière à ceux qui hantent les sommets. Bien qu'il faille se méfier de ces métaphores géographiques, de leur précision souvent fallacieuse, je dirais volontiers que l'Ardéchois Gustave Thibon rallie quelque part le chemin qui joint l'Engadine de Zarathoustra aux plages méditerranéennes — à Gênes ou à Sorrente — mais aussi à l'Espagne d'Unamuno. Dans les essais que renferme le présent volume, cet aspect nietzschéen est assez peu perceptible, sauf dans quelques formules d'une concision nerveuse qui eût ravi l'auteur d'Humain, trop

Humain. *Mais dans une personnalité aussi forte, aussi cohérente que celle-ci, on peut affirmer sans hésitation que tout se tient, que tous les thèmes non seulement s'emboîtent ou s'entrecroisent, mais tendent à se fondre les uns dans les autres à mesure qu'on s'approche d'un certain foyer central, d'une intuition unique et peut-être informulable, parce qu'elle est la génératrice du courant qui circule à travers les développements que notre pensée discursive distingue et raccorde.*

Comment ne pas évoquer ici les pages immortelles de M. Bergson sur l'intuition philosophique ? « Un philosophe digne de ce nom n'a jamais dit qu'une seule chose : encore a-t-il plutôt cherché à la dire qu'il ne l'a dite véritablement. Et il n'a dit qu'une seule chose parce qu'il n'a vu qu'un seul point : encore fut-ce moins une vision qu'un contact ; ce contact a fourni une impulsion, cette impulsion un mouvement, et si ce mouvement, qui est comme un certain tourbillonnement d'une certaine forme particulière ne se rend visible à nos yeux que par ce qu'il a ramassé sur sa route, il n'en est pas moins vrai que d'autres auraient aussi bien pu être soulevées et poussières que c'eût été encore le même tourbillon. »

Il me semble qu'un aphorisme tel que celui-ci nous permet d'entrevoir le foyer central de la pensée de Gustave Thibon : « Destin de l'homme. *On n'échappe pas à Dieu. Une seule alternative : devenir Dieu (par l'ascétisme et l'amour)* ou jouer à Dieu. Le diable et ses victimes sont les êtres les plus dépendants de Dieu. Ils sont liés à lui non par une attache vivante comme les saints, mais d'une façon servile et morte, comme le copiste à un texte qu'il transcrit sans le comprendre... On n'échappe pas à Dieu : qui refuse d'être son enfant sera éternellement son singe.*

L'effrayante caricature des mœurs divines qui sévit partout où Dieu cesse d'être connu et aimé témoigne assez haut de cette fatalité. »

L'effrayante caricature des mœurs divines : rete-nons ces mots : *ils nous livrent la clef d'une dialectique interne dont les chapitres du présent ouvrage marquent en vérité les étapes successives. Infatigablement, Gustave Thibon dénoncera la présence et les méfaits d'une idolâtrie, là précisément où un rationalisme qui a perdu tout contact avec ses racines ontologiques, c'est-à-dire avec la Vérité qui est en même temps la Vie, croit pouvoir célébrer l'émancipation définitive de l'esprit humain.*

« On n'échappe à l'obéissance que pour choir dans la servitude. Tu t'affliges de voir de quoi les hommes sont esclaves. Pour avoir la clef de ce mystère d'abaissement, cherche donc de qui ils ont refusé d'être les serviteurs. » Et ailleurs : « Sacrifices, lois, etc. Toute liberté commence par une entrave. Oui commence à non. »

Certes, il semble qu'ici nous soyons à mille lieues de l'auteur d'Aurore. Quel abîme entre cette affirmation absolue de l'être où la véritable liberté prend racine et le paroxysme négateur de Nietzsche ! Peut-être cependant les affinités restent-elles bien plus étroites qu'on n'est porté à le croire entre ces pensées au fond complémentaires. Ne pourrait-on se demander si certaines des intuitions les plus centrales de Nietzsche ne procèdent pas d'un tréfonds métaphysique où il ne lui est pas possible de porter la lumière, en sorte qu'il se voit réduit à organiser sa philosophie autour d'une métabiologie qui n'est qu'un mythe, mais dont il est dupe ? Et pourquoi ne peut-il pas éclairer ces abîmes ? C'est qu'en lui se joue un des très rares drames passionnels de la pensée dont l'histoire de la philosophie ait recueilli le témoignage. Nietzsche a commencé par être chrétien, la véhé-

mence même de ses diatribes contre le christianisme
mesure, me semble-t-il, l'ampleur de son abjuration.
Nietzsche s'est évertué à croire — il lui était vitalement nécessaire d'affirmer que les valeurs se trans-
posent ; la doctrine du surhomme est une éthique de
substitution. Mais rien « ne remplace rien. Telle est
l'évidence qui exclut toutes les séparations, toutes les
idolâtries, l'évidence qui mène à la totalité et à Dieu.
A la base de l'activité des révolutionnaires et des héré-
tiques de tout genre gît cette conviction monstrueuse :
ce que nous détruisons peut se remplacer, nous avons
quelque chose à mettre à la place ». Et j'éprouve personnellement un sentiment de vertige lorsque je lis
les lignes suivantes où se condensent les assurances
auxquelles je m'élevai péniblement il y a plus de
vingt ans : « Tu parleras à tout si tu parles à Dieu.
Parler à Dieu d'un être, c'est parler à cet être, car
Dieu est tout. Et en disant toi à tout, en aimant tout,
tu seras tout. Mais si tu te trompes de Dieu, si tu
cherches au-dessous de Celui qui est un toi absolu,
tu verras, malgré tes travaux d'esclave pour combler
l'abîme creusé par l'idolâtrie, ce toi se muer insen-
siblement en lui inaccessible et glacé. »

GABRIEL MARCEL.

DE L'ESPRIT D'ÉCONOMIE

Les hommes mûrs d'aujourd'hui encore imbus des principes du XIXe siècle ont coutume de se lamenter sur la ruine à peu près complète de l'esprit d'économie dans les jeunes générations. On ne met plus rien « de côté » : l'ouvrier, l'employé moderne, le jeune ménage même, dépense chaque semaine ou chaque mois la totalité de son gain. Mieux que cela : on hypothèque l'avenir, on gaspille, en achetant à crédit, ce qu'on ne possède pas encore (notre époque connaît en effet ce paradoxe corrupteur d'un crédit très large pour le superflu : qu'on songe aux « facilités » accordées aux acheteurs d'une auto, d'un poste de T. S. F., tandis que le crédit pour les choses nécessaires — l'alimentation et le vêtement — a presque entièrement disparu). Cet empiétement sur l'avenir est la contrepartie dévorante de l'ancien esprit d'économie, c'est une prévoyance retournée. L'homme qui naguère réservait quelque chose pour le lendemain pouvait dire : L'avenir sera *rempli* de ce que j'amasse aujourd'hui. Le gaspilleur moderne peut dire :

L'avenir sera *vidé* de ce que je dévore aujourd'hui. Le premier nourrit le futur, le second le vampirise.

Mais ce gaspillage de l'argent, scandale du bourgeois classique, n'est que le symptôme le plus matériel, le plus extérieur d'une tare qui affecte le fond de l'âme moderne : l'homme aujourd'hui devient — et ceci dans tous les domaines — de plus en plus incapable de *réserve*. On ne sait plus attendre, on veut être payé tout de suite de tout ce qu'on fait, on court sur-le-champ jusqu'au bout de toutes les possibilités de plaisir... Des auteurs ne prennent plus même le temps d'écrire décemment par hâte de publier, les amants se possèdent charnellement presque avant de se connaître, etc. Cette hâte est l'indice d'un profond épuisement des caractères : la force et l'équilibre internes d'un homme se mesurent à l'ampleur de l'écart que cet homme peut supporter entre son travail ou son amour — et leur récompense. A la limite, l'homme consent à n'être jamais payé...

Évidemment, la disparition de ce besoin étroit et sordide d'accumuler de l'argent, qui fut le péché du siècle dernier, ne mérite pas d'être particulièrement déplorée. Mais est-ce par en haut ou par en bas que notre jeunesse gaspilleuse dépasse ses pères qui thésaurisaient ? Économiser, mettre en réserve est une exigence centrale de la nature humaine, et c'est limiter, dénaturer arbitrairement le débat que d'entendre ces mots dans l'unique sens d'entassement de biens matériels. Un seigneur médiéval, un saint, un artiste, un simple paysan rivé au terroir paternel et chargé de famille n'amassaient certes pas d'argent. Mais ils amassaient *autre chose :* un capital de vertus, de traditions, de bonnes mœurs, sans parler de réserves matérielles, mais vitales comme les terres, les maisons et leur mobilier, etc. Ces gens-là savaient résister à l'appel de l'attrait immédiat ; ils savaient se priver de quelque chose aujourd'hui (qu'on songe aux sacrifices d'un chevalier, d'un ascète, d'un simple père de famille) en fonction d'un avenir à défendre et à féconder. L'esprit d'économie, au sens le plus haut du mot, se confond avec l'esprit de fidélité et de sacrifice.

La bourgeoisie du XIXe siècle a tendu à substituer la réserve-argent aux réserves vitales et spirituelles des siècles précédents. Renversement périlleux des valeurs : la réserve-argent — chose en soi fictive, anonyme et sans valeur humaine intrinsèque — devient une source de décadence et de catastrophes dès que l'instinct de prévoyance s'accroche à elle au détriment des réserves nourricières. On a vu par exemple — et on voit encore — des couples qui s'abstiennent d'avoir et d'élever des enfants pour s'assurer dans leur vieillesse des rentes plus confortables. Si cette manœuvre se généralisait, que vaudrait l'argent prêté à l'État dans une société de vieillards également improductifs et tous à la charge de l'État, c'est-à-dire les uns des autres ? La réserve-argent, si elle n'est corroborée et contrôlée, dans sa constitution et dans son usage, par la formation, *au moins parallèle*, de réserves humaines — c'est-à-dire avant tout d'enfants, futurs producteurs, et de bonnes mœurs qui permettront à cet enfant de faire fructifier sainement l'argent — la réserve-argent, dis-je, se change en richesse morte, en richesse appauvrissante. Le marasme économique de la France d'aujourd'hui n'a pas d'autre cause que cet écart de plus en plus considérable entre la réserve-argent et les réserves réelles de la nation[1].

L'épargne mesquine et sans correctif des générations précédentes préparait au demeurant la vague de gaspillage de l'heure actuelle. La saine prévoyance était déjà morte dans l'âme de ces Français qui plaçaient leur espoir, leur sécurité suprêmes dans un capital-argent, dans un chiffre. Le processus est classique : toute « vertu » qui va disparaître commence par se matérialiser, par perdre la souplesse, la fluidité de la vie et se figer en idole inflexible et creuse. Ce qui doit pourrir *durcit* d'abord. La rigidité cadavérique précède la déliquescence. De même que la fausse pudeur enfante la débauche et le chauvinisme l'oubli de la patrie, la prévoyance morte des pères a donné naissance à l'imprévoyance absolue des enfants.

Nous touchons aujourd'hui le bas de la pente. Psychologiquement — il ne s'agit pas de faire ici des comparaisons morales — l'ouvrier, l'employé

1. Écrit en 1939. (N. de l'Éd.)

actuels qui n'économisent plus se situent encore au-dessous des « bourgeois » égoïstes qui les ont précédés. S'ils ne mettent plus d'argent en réserve, ce n'est pas qu'ils aient dépassé l'avarice, c'est qu'ils ne sont plus capables d'aucune espèce de domination de soi, d'aucun sacrifice — pas même de se vaincre aujourd'hui dans leur intérêt de demain. Passons à la limite : lorsqu'on nous prêche le « devoir d'imprévoyance », il conviendrait peut-être de faire d'abord le départ entre l'imprévoyance du saint qui ne s'inquiète pas de l'avenir parce qu'il a « capitalisé » en lui la source et l'éternité de la vie et l'imprévoyance du décadent dont l'âme branlante est devenue le jouet de l'heure et de la tentation qui passent et qui, incapable d'attendre comme de choisir, cède constamment aux sollicitations *immédiates* d'un égoïsme sans suite et sans unité.

Car l'être le moins économe est aussi le plus égoïste. Économiser, au sens vrai et sain du mot, cela signifie surtout : réserver pour mieux donner. Il est sans doute une prévoyance avare et fermée qui s'oppose aux vrais échanges humains. Mais son enfant légitime, l'imprévoyance absolue, est plus encore peut-être l'ennemie de la communion et du don. Dans l'ordre matériel comme dans l'ordre spirituel, la libéralité, la munificence ne sont possibles qu'à celui dont la sévère vigilance a su créer, en lui ou autour de lui, de fortes réserves. Ces vertus sont mortes aujourd'hui. L'homme n'a plus de réserves en lui, il *se* gaspille : que vaut le don de lui-même, — son amitié, son amour ? Il n'a plus de réserves autour de lui, il gaspille son argent : que lui reste-t-il pour un vrai luxe[1] (j'entends un luxe en durée et en profondeur), pour les pauvres, pour l'Église, etc. ? (Ce n'est pas un des symptômes les moins affligeants de notre mal que cette décadence parallèle du vrai luxe et de la charité...). L'extrême gaspillage, qui ressemble en apparence à l'extrême détachement, coïncide en réalité avec l'extrême égoïsme, avec la ruine totale de la générosité. Dans tous les domaines celui qui gaspille le plus donne le moins.

Si nous quittons maintenant l'individuel pour le collectif, nous constatons, en examinant la plupart des idéals économiques et politiques d'aujourd'hui, le même mépris de l'économie, la même impuissance à créer des réserves, la même tendance à les dévorer.

Pour conjurer les diverses crises, pour sauver la société, on propose des remèdes rapides et bouleversants (nationalisation, monnaie fondante, autarcie économique, etc., sans parler de la guerre à laquelle tout le monde pense *en silence*[2]). Ces remè-

---

1. Le vrai luxe a quelque chose d'ascétique. Il n'est possible que dans les milieux où les hommes sont formés par une forte réserve héréditaire et personnelle. Il est significatif de constater que la disparition du vrai luxe et de la libéralité suit partout la disparition des aristocraties.
2. Ces lignes ont été écrites en 1937.

des donnent la fièvre aux nations. Fièvre consomptive, hélas ! et non réactive, qui, au lieu de balayer les impuretés, détruit les réserves. Les nations cherchent le salut dans ce qui les tue. Chaque essai novateur représente un coup de fouet qui communique à l'organisme collectif une vigueur factice au prix de la consomption d'une réserve vitale. On dilapide les plus obscures, les plus profondes ressources du corps social (je pense à des choses aussi diverses que la stabilité monétaire, la continuité et la saine spécialisation professionnelles, l'insertion de l'individu dans les vieux cadres locaux, familiaux et religieux) au profit d'une réussite éphémère, d'une euphorie d'agonisant. Le salut de l'heure présente a pour rançon la dégradation de l'avenir. Que sait-on aujourd'hui de la vraie politique, de cette sagesse patiente et silencieuse qui regarde, qui crée des réserves ?

Le stigmate essentiel du socialisme (et quelle nation n'est pas aujourd'hui plus ou moins infestée du virus socialiste ?) réside là : il méconnaît, il détruit les réserves, les lentes réserves dormantes, la patience conservatrice des organes profonds. Là où sont les puits de la vie — les puits de la tradition, de l'autorité, de l'expérience où s'abreuve obscurément la caravane sociale — il voit des parasites et des obstacles. *Il confond réserve et inutilité.* Tout ce qui conserve, dans le monde des corps comme dans celui des âmes, provoque son aversion : est-ce par hasard qu'il enveloppe dans la même haine la propriété et la religion ?

Le socialisme a la phobie de l'*épaisseur*. L'instinct dégradateur et anti-vital qui habite en lui se révolte contre les forces substantielles qui accumulent, dominent, tempèrent, contre la densité des puissances intérieures qui retiennent le devenir humain dans un sillon d'harmonie. Dans ces éléments de stabilité et de vie, l'idéologie marxiste ne voit que poids mort et qu'absurde oisiveté. Des forces qui attendent, se cachent, se taisent, lui sont insupportables. Le rêve du « grand soir » n'a qu'un sens : ramener à la surface, consumer dans un vaste feu d'artifice matériel toutes les antiques réserves de l'humanité, et atteindre, par cette combustion universelle, à un degré inédit d'ampleur et de rapidité dans la production et les échanges sociaux. En un mot, transformer l'organisme collectif en cet être infiniment plat — *parce que* infiniment rapide — conçu par la fantaisie d'Einstein. Plus de lest, plus de poids mort, plus de réserves paralysantes : une voile sans épaisseur ni densité que le vent des « grands principes » puisse mouvoir à son gré, — la rationalisation de l'humanité ! Hélas ! la vieille masse épaisse et lente peut réagir sous les cataclysmes ; elle a des réserves pour traverser les déserts et résister aux tempêtes, tandis qu'il suffit d'un souffle contraire pour crever à jamais la baudruche infiniment rapide, infiniment plate !

VIE URBAINE
ET SURMENAGE AFFECTIF

Qui trop embrasse mal étreint. Cela est vrai aussi dans l'ordre des sentiments. Il n'est pas plus possible à un homme de répondre à toutes les excitations affectives que d'apprendre toutes les sciences ou de faire tous les métiers.

Or, quel spectacle nous offrent les milieux urbains modernes ? Les excitations de tout ordre y sont fantastiquement multipliées. Une tension permanente est nécessaire pour évoluer dans la rue ; les affiches, les journaux, la T. S. F., le cinéma apportent constamment à l'individu les échos du monde entier et viennent irriter son ambition, sa sexualité, sa gourmandise, etc. L'âme éclaterait si elle devait réagir profondément à chacune de ces sollicitations. Instinctivement — pour se sauver, pour conserver un minimum d'équilibre au sein de ce tourbillon endiablé d'excitations — elle nivelle, elle automatise ses réactions. Trop de quémandeurs la harcèlent (ici cette affiche, là ce théâtre, plus loin cette femme aux atours provocants...) ; pour répondre à tous sans se ruiner, elle fait de l'inflation, elle émet de la fausse monnaie. Après quelques années de ce régime, elle n'est plus capable d'un sentiment profond, d'une idée personnelle. Toute sa vie s'étale en surface : les passions et les opinions y roulent indéfiniment, mais toute vertu de *pénétration* s'est envolée d'elle.

De ce spectacle, on peut tirer la loi suivante : les réactions affectives d'un individu s'appauvrissent, se minimisent, glissent sur le plan du jeu et de la fiction, dans la mesure où se multiplient, autour de cet individu, les excitations artificielles. A la limite, les états affectifs les plus naturels et les plus profonds (l'amitié, l'amour, les convictions religieuses et politiques, etc.) deviennent, dans l'âme épuisée, aussi « irréels », aussi truqués que le monde de machines, de films, de papier imprimé et de fausse sexualité, qui constitue le milieu urbain. Ici, la parfaite adaptation au milieu équivaudrait à la parfaite déshumanisation de l'homme.

Il ne s'agit pas de s'engager dans une banale diatribe contre la technique. Les excitations issues du milieu urbain, des instruments inventés par l'homme, des produits de la civilisation en général peuvent provoquer, dans une nature saine, des réactions parfaitement humaines en intensité et en qualité. Qu'on songe aux premières émotions d'un conducteur d'auto ou d'avion par exemple ! Mais, pour goûter ces émotions, pour répondre humainement aux excitants artificiels, il faut posséder un capital vierge de vie cosmique — ces vastes réserves de fraîcheur et de profondeur que créent dans l'âme la communion étroite avec la nature, la familiarité avec le silence, l'habitude des paisibles cadences d'une activité accordée aux rythmes primordiaux de l'existence. Les premiers contacts des paysans avec les « merveilles » de la technique (électricité, automobile, cinéma, etc.) sont nimbés d'une ivresse qu'un civilisé accompli n'est plus même capable de concevoir. La résonance est profonde parce que l'âme n'est pas encombrée.

Pour que l'homme reste un homme au sein du « factice » de l'existence urbaine, il faudrait que chaque excitation artificielle (j'excepte celles auxquelles il est possible de répondre par de simples gestes réflexes) puisse être reçue dans un esprit suffisamment alimenté par la réflexion individuelle et le contact avec l'intime réalité du monde ; il faudrait que l'équilibre s'établît entre les dépenses causées par les excitations et les recettes de la vie intérieure ; il faudrait par conséquent que les excitations soient sévèrement filtrées et raréfiées.

Mais, en fait, c'est le contraire qui se produit : l'homme est de plus en plus débordé d'excitations et de plus en plus séparé des sources cosmiques et spirituelles de la richesse intérieure. Il n'a plus d'âme à prêter aux réactions innombrables que l'ambiance lui arrache : tiraillé, sollicité en tous sens, il se réfugie sur le seul plan où ses capacités de réaction soient presque indéfinies : celui de l'automatisme et du rêve. Là, il est inépuisable en réactions vides et frelatées comme la planche à billets est inépuisable en fausse monnaie ! L'automatisme résorbe son travail, et ses affections, ses joies, ses passions prennent la pâleur, la mobilité, la légèreté du songe. A ce degré, on peut se disperser presque sans limite, vibrer à tous les souffles, servir d'écho à tous les bruits. L'activité extérieure et les sentiments ne comportent plus cet engagement profond, ce don épuisant de tout l'être, propres à l'action authentique, à l'action humaine.

Comme dans l'ordre économique, on arrive ainsi, dans l'ordre affectif, à une ruine masquée d'inflation. Ce mélange impur de vraie pauvreté et de fausse opulence, cette *misère menteuse*, qui est le grand stigmate du monde actuel, se retrouve une fois de plus.

TRAVAIL ET LOISIRS

Le prolétaire moderne a la haine du travail. Même quand celui-ci est bien rétribué, son insatisfaction ne s'apaise pas. Il souffre moins d'être un ouvrier exploité que d'être un ouvrier tout court : ses infinies revendications matérielles ne sont que des manifestations superficielles et trompeuses de ce malaise fondamental.

Le prolétaire souffre ainsi parce que son travail est inorganique, inhumain. Les socialistes proposent, comme remède à la crise ouvrière, une plus juste répartition des gains, de plus hauts salaires... Comme si le problème ouvrier s'arrêtait là ! Il s'agit plutôt d'une refonte totale des conditions premières du travail industriel, il s'agit de supprimer le travail inhumain, le travail sans forme et sans âme : la « grande usine », le travail « à la chaîne », la spécialisation outrée, etc., toutes choses que l'étatisme socialiste ne peut que porter à leur suprême et mortelle expression.

Le problème des salaires est très secondaire. L'artisan de village qui fabrique des objets complets et traite avec une clientèle vivante est infiniment plus heureux et satisfait que l'ouvrier d'usine, avec un standard de vie bien inférieur à celui de ce dernier.

Si les conditions de travail du prolétaire de l'industrie et du commerce ne changent pas, l'élévation du niveau des salaires ne pourra que lui nuire. L'homme voué à un travail malsain est voué aussi au loisir malsain. Le loisir (avec toutes les « distractions » qu'il implique) n'est plus pour lui le prolongement rythmique du travail, c'est une manière de s'évader, de se venger du travail : au lieu de rendre la reprise du travail plus facile, il la rend plus amère. On ne remédie pas aux maux issus d'un travail inhumain en augmentant le bien-être économique du travailleur, on risque au contraire d'aggraver son ennui et sa déchéance.

Le stigmate de certaines formes modernes de l'activité sociale consiste en effet en ceci : le travail et le loisir, normalement *complémentaires*, y deviennent *antagonistes*. Simple cas particulier de cette loi générale : les choses qui, saines, se complètent, malsaines s'entre-dévorent. Le mauvais amour des sexes tourne en haine des sexes, un mauvais sommeil empiète sur la veille et l'empoisonne. De même un travail sans âme : ce mélange abrutissant de tension et de monotonie qui le caractérise rejaillit sur le loisir, — il prédispose à la débauche, c'est-à-dire à des plaisirs inhumains et artificiels comme lui. Les joies qui peuplent le repos des travailleurs

deviennent ainsi quelque chose de tendu et de factice — une sorte de travail de seconde zone qui,
loin de détendre l'âme et le corps, augmente leur
fatigue et leur intoxication. Baudelaire, chantre
suprême de la décadence, n'a pas employé par
hasard le mot de « travail » pour désigner la volupté :

Qui des Dieux osera, Lesbos, être ton juge
Et condamner ton front pâli par les *travaux* ?...

Les débauchés rentraient, brisés par leurs *travaux*...

Celui qui, en effet, ne trouve pas de joie dans
son travail trouvera du travail dans sa joie. Le
travail forcé a pour corollaire le plaisir forcé.

Il est amèrement instructif de voir la classe
ouvrière et ses meneurs revendiquer avant tout,
et presque exclusivement, un accroissement des
salaires et des loisirs. Des prétentions aussi superficielles révèlent un étrange oubli de la solidarité intime, de la continuité qualitative qui existent entre
le travail et le repos. Travail et loisir sont les deux
phases d'un même rythme : la perturbation d'une
de ces phases entraîne fatalement chez l'autre une
perturbation correspondante. Celui qui dort mal ne
peut pas veiller normalement ; de même un homme
astreint à un travail anti-naturel risque fort de ne
pas occuper très humainement ses loisirs. On aura
beau augmenter ceux-ci en quantité : leur qualité
n'en restera pas moins inférieure et fausse. Il ne
s'agit pas d'essayer de faire contrepoids à un tra-

vail inhumain par l'accroissement du « bien-être »
des prolétaires : tant que le travail restera inhumain, ce bien-être ne pourra pas être sain. Il s'agit
d'abord[1] d'humaniser le travail. Cela fait, il sera
permis de songer à améliorer la situation matérielle
des masses : les réformes opérées dans ce sens
auront alors plus de chances qu'aujourd'hui de ne
pas exaspérer, dans l'âme des travailleurs, la haine
du labeur et l'esprit de révolte et d'anarchie.

Quand je dis humaniser le travail, je ne veux
pas dire le rendre nécessairement plus facile et
mieux rémunéré, je veux dire avant tout le rendre
plus sain. Il y a une vie dure et difficile qui est
humaine : celle du paysan, du pasteur, du soldat,
de l'ancien artisan villageois... ; il y a aussi une
vie molle et facile qui est inhumaine et qui engendre
la corruption, la tristesse et l'éternelle révolte de
l'être qui ne joue aucun rôle vivant dans la cité :
celle par exemple de l'ouvrier standard au temps
des hauts salaires, du bureaucrate amorphe et bien
payé, etc. Et c'est précisément ce dernier genre
d'existence que le socialisme réclame pour tous !
Pour nous qui aimons le peuple d'un amour humain
(c'est-à-dire d'un amour impitoyable pour *toute*

1. Nous ne voulons pas nier par là qu'une amélioration des
conditions les plus matérielles de l'existence du travailleur ne
puisse et ne doive, dans bien des cas, être poursuivie *parallèlement* à cette humanisation du travail. En disant « d'abord »,
nous voulons simplement mettre l'accent sur le point le plus
important : nous pensons à une priorité de *nature* plutôt qu'à
une priorité de *temps.*

atmosphèrc inhumaine qui le menace, si molle, si désirable en apparence qu'elle puisse être), nous demandons pour lui beaucoup plus, nous demandons autre chose. Les démocrates modernes ont trop vite confondu vie dure et vie inhumaine. Et par là ils se sont condamnés presque uniquement à corrompre sous prétexte d'humaniser.

SUR L'ÉGALITÉ
ET LE PROBLÈME DES CLASSES

C'est un fait : jamais peut-être, d'une classe à l'autre de la société ou entre hommes de niveau culturel différent, on n'avait observé tant de distance et si peu d'échanges. L'influence humaine, positive des élites sur le peuple est maintenant voisine du néant. On avait cru pourtant — et ce fut un des mythes majeurs du XIXe siècle — que la fraternité, la communion symphonique des hommes naîtrait du relâchement de l'esprit de classe et, à la limite, de la suppression des barrières sociales. Mais ce qui arrive n'est paradoxal qu'en apparence. La confusion n'unit pas, elle sépare : elle crée entre les éléments confondus des oppositions irréductibles. Toute réciprocité d'influence implique une solide diversité de nature et de position. C'est dans les sociétés fortement diversifiées et hiérarchisées, où le passage d'un étage à l'autre est très difficile, voire impossible, que s'établissent, entre les membres de ces hiérarchies, les échanges les plus féconds et les plus durables : qu'on songe à l'influence séculaire de la monarchie, de la noblesse ou des castes sacerdotales sur le peuple... Dans de telles formations politiques, chacun, en raison même de la stabilité, de la « fatalité » de sa situation, est entièrement disponible pour travailler au bien de l'ensemble. Les classes d'en haut ont les mains libres pour donner et celles d'en bas pour recevoir, et les échanges sont d'autant plus profonds que le fossé entre les divers milieux sociaux est plus difficile à franchir.

La mystique démocratique a gâté tout cela. Comment de vrais échanges pourraient-ils subsister à l'intérieur de la hiérarchie quand l'existence même de cette hiérarchie est mise en question ? Là, l'inférieur, dégoûté de son milieu, de sa position, de lui-même par cet appel d'air malfaisant que crée en lui l'enseignement de l'égalité, n'a plus rien à recevoir du supérieur, il ne vise qu'à s'égaler à lui et à l'expulser. Et le supérieur à son tour, au lieu de gouverner pour le bien de tous, tend seulement à défendre sa position menacée. L'envie d'une part, la crainte de l'autre, tarissent tous les échanges vitaux : ceux-ci ne sont possibles que dans des sociétés où le destin des individus est lié étroitement à la position qu'ils occupent, où le passage d'un étage à l'autre de la hiérarchie exige une transformation, une ascension *totales* de celui qui s'élève, au lieu d'être livré aux hasards grotesques de la finance ou du suffrage universel. L'échange social n'est pur et fécond que dans un monde où le dirigeant se sent en sécurité en haut parce que le subordonné se sent à sa place en bas. Mais s'agit-il encore d'échanges aujourd'hui ? Il s'agit, en haut, de défendre et, en bas, de conquérir. Avec la stérile confusion des classes commence la stérile lutte des classes.

Ce n'est pas un paradoxe d'affirmer que les barrières sociales favorisent très souvent la communion humaine. Au début du siècle dernier, dans nos villages provençaux non encore travaillés par la fièvre républicaine, une extrême familiarité régnait entre le seigneur du lieu et les paysans : on jouait aux boules ensemble après les vêpres, les demoiselles nobles dansaient avec les jeunes gens du village, etc. De tels courants de sympathie *effective* n'étaient possibles que dans la mesure où chaque classe restait liée à sa position, en dehors de toute contestation et de toute envie. Dans ces milieux, où les différences sociales étaient acceptées et vécues comme d'indiscutables nécessités, la familiarité pouvait grandir, d'une classe à l'autre, sans danger de promiscuité : *une fraternité profonde naissait de l'acceptation de l'inégalité.*

Le messianisme égalitaire engendre au contraire, dans le peuple, la révolte et la méfiance à l'égard des chefs, chez les chefs, le souci de garder la distance à l'égard du peuple : d'une part un réflexe d'agression et de l'autre un réflexe de défense, la guerre au lieu de la communion. Car — quelle que soit l'habitude que la Révolution française nous ait donnée de voir accouplés ces deux mots — la fraternité n'a pas ici-bas de pire ennemi que l'égalité.

.*.

Un noble de l'ancien régime pouvait, sans cesser d'être respecté et obéi, traiter ses serviteurs avec une extrême familiarité ; un parvenu moderne est obligé de compenser, par un autoritarisme mort, l'absence d'autorité vivante et de marquer d'autant plus ses distances qu'elles n'existent pas en réalité. L'égalitarisme le plus malsain devient fatal dès que la hiérarchie sociale n'est plus fondée que sur des différences de fortune. Pour que le peuple respecte et suive spontanément ceux qui le gouvernent, il faut qu'il sente que ces derniers le dominent par autre chose que par l'argent. D'où la nécessité de diminuer entre les hommes les écarts de fortune au profit des différences de caste, de tradition, de culture, etc., ou, tout au moins, d'asseoir les différences de fortune sur des différences *humaines*. Mais quelle hideuse caste de maîtres que cette populace dorée ! Elle suscite, dans l'âme du peuple, l'envie la plus noire et la plus *légitime*, ce « pourquoi pas moi » qui, jouant à faux, disloque les sociétés. Tout le monde en effet peut aspirer à être riche, car la conquête de l'argent est liée aux hasards les plus creux : on n'aspire pas de la même façon aux ascensions qui nécessitent un changement profond de mœurs ou de culture, qui entraînent des responsabilités accrues et dont l'échec est fatalement sanctionné — moralement et matériellement — à brève échéance. Il n'est pas de meilleur frein à l'envie et à la révolte des masses que la présence d'une élite dirigeante dont l'autorité soit largement indépendante de l'argent.

Cette puissance (celle qui sort d'une tradition héréditaire ou du mérite professionnel) est organique, spécifiée, localisée ; elle se déploie à l'intérieur de certains cadres vitaux, elle est féconde en vertu de sa fonction proprement humaine, de son adaptation à telles nécessités, à tels temps et à tels lieux ; elle est défendue contre ses propres abus et sa propre dégénérescence par un rythme d'échanges continus avec le milieu où elle vit, elle ne peut rien détruire qu'en se détruisant elle-même : ses intérêts se confondent avec ses devoirs.

La ploutocratie, au contraire, est inorganique, elle n'a pas de milieu spécifique (un riche est riche partout) ; étrangère à l'ordre vivant de la cité, elle ne peut être (et cela sans frein, sans correctif) qu'un facteur de désordre et de parasitisme.

Un système de cloisons étanches entre les castes n'est ni souhaitable ni réalisable dans notre monde occidental et chrétien. Il faut que le passage soit *possible* du peuple à l'élite (sinon celle-ci s'épuise et dégénère), mais il faut qu'il soit *difficile*. Il faut que s'élèvent, d'une classe, d'une caste à l'autre, des digues hautes et fermes : ainsi, celui qui franchira ces digues aura vraiment *monté* ! Le temps où règne l'élite devrait porter à son fronton cette inscription : ici, on entre en montant.

Mais la misère de l'idéal social moderne consiste précisément à raser les digues, à établir entre le peuple et l'élite un plain-pied dévastateur. D'où la vulgarisation, l'encanaillement des élites : avec la mort de la distance montante (et de la sélection qu'implique cette distance) meurt aussi l'élite. Une élite haut postée, d'accès difficile et d'accueil sévère, ennoblit l'homme du peuple qui s'élève jusqu'à elle, elle ennoblit même, par son seul rayonnement, la masse populaire tout entière. Mais aujourd'hui, populace en haut, populace en bas, comme disait Nietzsche. *Par amour pour le peuple et pour les meilleures possibilités qui dorment en lui, il importe avant tout de conserver et de recréer, au-dessus de lui, un pouvoir largement indépendant de lui, une force attractive et régulatrice à la fois, capable de protéger inlassablement les réserves populaires de force et de vie contre la bassesse et la cécité plébéiennes.* Sinon, cette bassesse et cette cécité submergeront tout. Car le peuple porte en lui de quoi tout sauver, tout régénérer, mais aussi tout encanailler et tout détruire. Deux courants se croisent dans son âme : l'un tend vers la dissolution et l'anarchie, et celui-là se suffit à lui-même, l'autre est porteur d'une richesse profonde, mais incomplète et comme germinale et sans cesse obligée de faire appel, pour se réaliser, à une influence supérieure. Comme Barbusse, nous avons confiance « dans le gouffre du peuple », mais à condition que ce gouffre soit éclairé et fécondé du dehors, *d'en haut*. Cet abîme peut tout créer comme il peut tout engloutir. Et la démocratie — le terme même indique que rien n'est au-dessus du peuple, que le peuple est seul — s'est trop longtemps bornée à cultiver le côté canaille du peuple, sa tendance à l'enlisement et à l'auto-destruction. Car le peuple se suffit pour tomber, mais non pour marcher !

La suppression des cloisons étanches entre les classes est acquise aujourd'hui et l'existence même des classes est menacée. Nous n'avons ni à nous en plaindre ni à nous en réjouir : il nous importe seulement de savoir à quelles conditions une telle société peut rester saine.

Tous les hommes peuvent aspirer maintenant aux fonctions supérieures. Pour que cette possibilité ne crée pas dans le peuple un appel d'air corrupteur, il faudrait que les membres des classes dirigeantes aient une existence très dure, une vie où les devoirs et les sacrifices l'emportent de plus en plus sur les privilèges, de façon que l'homme du peuple sente bien qu'il n'aurait rien à gagner, du point de vue de ses intérêts matériels, à se déclasser par en haut. Ainsi seulement, ceux qui monteraient vers les fonctions supérieures monteraient par vocation et non par ambition. Un climat ascétique est d'autant plus nécessaire aux sommets de la hiérarchie sociale que ces sommets sont plus accessibles au peuple.

L'Église l'a toujours compris ainsi. Elle est ouverte, à tous les degrés de sa hiérarchie, aux prolétaires, mais elle impose à ceux qui aspirent aux fonctions sacerdotales, un tel changement de vie et de tels sacrifices que le simple appât des privilèges et des honneurs ne suffit pas (sauf dans les périodes d'extrême décadence du clergé) à susciter beaucoup de fausses vocations. L'homme du peuple aigri contre ses humbles devoirs d'état briguera plus facilement la fonction de député que celle de moine ! Un régime de type démocratique ne peut rester sain que dans la mesure où subsiste, chez ses dirigeants, un esprit d'immolation qui s'apparente à celui du sacerdoce et de la chevalerie.

Au reste, le fils du peuple appelé à guider le peuple a besoin plus que le prince ou le noble, d'être séparé du peuple par son âme et par ses mœurs ; pour faire accepter au peuple son autorité, il faut qu'il supplée, par le changement profond qui s'est opéré en lui, à cet ascendant spontané que possède le fils d'une caste supérieure. L'Église, qui tire du peuple la plupart de ses prêtres, sait les revêtir d'assez de solitude et de mystère pour qu'ils puissent guider d'en haut, avec le maximum de prestige et d'influence, la classe d'où ils sont sortis. Il y a démocratie et démocratie : dans une société comme l'Église, le prolétaire sort du peuple transfiguré par la vocation de son âme, dans la plupart des démocraties modernes, il en sort défiguré par les ambitions de son moi.

Concluons : un régime fondé sur l'égalité juridique entre les hommes a besoin d'être incessamment racheté et purifié par un accroissement sévère des inégalités *morales*.

LES GRANDS ET LE PEUPLE

La Bruyère parle quelque part de cette vénération ardente et irréfléchie des pauvres à l'égard des grands. « Si les grands s'avisaient d'être bons, commente-t-il amèrement, ce serait de l'idolâtrie. »

On croit rêver aujourd'hui en évoquant cet état d'âme. Cela a existé cependant : cet incoercible besoin humain de voir la puissance unie à la pureté, de croire à un ordre social fondé sur la vérité intérieure, à quelque reflet temporel de la justice divine, — ce pressentiment d'une grandeur étrangère et protectrice qui constitue, pour l'homme d'en bas, l'unique raison saine de vivre et de servir, entretint longtemps dans l'esprit du peuple, une image profonde et sacrée de la personne des grands. Peu d'envie alors (l'envie présuppose une espèce d'identité dans les vocations et les intérêts : ainsi un commerçant enviera les bénéfices d'un autre commerçant et non le « génie » d'un poète) : l'homme du peuple *vivait* trop la distance irréductible qui le séparait des grands pour envier ceux-ci autrement qu'en rêve.

Tout cela s'est effondré peu à peu, à mesure que le peuple s'est aperçu que les puissants et les nobles lui *ressemblaient*, que, dans le secret de leurs actes, ils étaient bas et vulgaires comme lui et qu'à leur suprématie extérieure nulle grandeur intime ne répondait. Le peuple alors s'est pris à détester et à envier cette élite descendue à son niveau et vidée pour lui de toute supériorité substantielle. La distance vécue entre lui et ses chefs étant morte dans son âme, comment aurait-il pu supporter le spectacle de la distance extérieure — de ces privilèges qu'il sentait fondés sur le mensonge, monstrueusement usurpés ? Un sauvage, un anarchique « pourquoi pas moi ? » a fait place nécessairement à l'acceptation vénératrice de l'inégalité.

Mais avant cette envie et cette révolte, quel vertige de déception a dû susciter, dans l'âme obstinément adoratrice des humbles, cette prise de conscience de la bassesse des grands, cette lamentable chute des nimbes ? Le cycle est accompli maintenant : le peuple, ce vieux peuple d'où jaillirent les romanceros et les légendes héroïques et qui auréola le front des grands d'une splendeur spirituelle souvent inexistante, ne croit plus aujourd'hui à la grandeur, même quand elle existe. Mais où est la faute initiale ? Si une fièvre malsaine d'égalité consume la plèbe, n'est-ce pas les grands qui l'ont allumée en descendant par leur conduite au rang de la plèbe ?

Tu n'avais pas le droit de me ressembler, peut

dire l'homme d'en bas à l'homme d'en haut. Tu as exaspéré et déchaîné ma bassesse en me révélant la tienne. L'envie qui me dévore aujourd'hui n'est que le cadavre de ma vénération d'hier. Tu as tué en moi le sens vivant de la hiérarchie, la douceur et la noblesse de l'obéissance. Elle a eu certes la vie dure, cette image de ta justice et de ta bonté, il a résisté longtemps ce pauvre respect ébloui qui berçait mes rêves et ma fatigue, mais il a bien fallu qu'il succombe à la fin sous tes coups. Tu as fini par me prouver que tu me ressemblais. Eh bien ! je veux maintenant que nous nous ressemblions tout à fait (cette volonté s'appelle révolution, égalitarisme, communisme...). — Pressens-tu le mal que tu m'as fait ? *La justice et l'amour m'ont menti par ta bouche.* Tu m'as amputé de la meilleure partie de moi-même : ma confiance en toi, et en tout l'ordre humain et divin que tu représentais. Car tu étais aussi pour le peuple le support et le messager du ciel, et l'image de Dieu s'est pourrie en moi avec ton image. Par ta faute, je me suis senti seul et orphelin, j'ai perdu ce sentiment d'une grande réalité supérieure à moi et qui me portait, me gardait et nourrissait dans mon cœur une résignation sans amertume et une espérance sans fièvre ; j'ai cessé de me sentir dépassé, je n'ai plus rien vu au-dessus de moi-même — au dessus de ma platitude et de ma faiblesse, si ce n'est le mensonge. Comprends-tu maintenant que j'essaie de recréer le monde à ma misérable image ?

« LIBERTÉS »

Il y aurait autant d'horreur à détruire la liberté
où Dieu l'a mise, que de l'introduire où elle n'est
pas, a dit Pascal. Cette formule ramasse et stigmatise les deux attentats dont les tyrans (avoués ou
masqués) menacent la vraie liberté des peuples :
l'oppression et la corruption, la destruction par
atrophie et la destruction par boursouflure.

En France, depuis plus d'un siècle, on introduit
la liberté où elle n'est pas. On arrache le peuple à
la nécessité nourricière, à l'humble et maternelle
alvéole d'institutions, de coutumes et de devoirs,
à l'intérieur de laquelle sa liberté peut se déployer
sainement, pour faire jouer celle-ci hors de son lieu,
dans un domaine adapté à sa nature et où elle se
réfute elle-même : dogme de la souveraineté du
peuple, avec son corollaire pratique, le suffrage
universel... Autant vaudrait demander à un aveugle
de choisir *librement* entre les couleurs ! A l'idéal de
la liberté, on immole les cadres de la nature. On
dit à l'agneau : tu es libre d'être ou de n'être pas
herbivore. Car c'est à cela que se ramènent en

définitive des institutions qui entretiennent dans la cervelle de *tous* les hommes l'illusion d'être souverains, égaux à quiconque et de trancher, par leur bulletin de vote, les problèmes les plus étrangers à leur compétence.

Mais étirer, dilater ainsi la liberté, c'est encore la façon la plus sûre (et la plus perfide) de la supprimer. D'un bien dont on mésuse, on perd même l'usage. Qui veut trop courir aujourd'hui ne pourra plus marcher demain... Après avoir promené son désir et son choix parmi les aliments carnés, l'herbivore corrompu ne sait plus choisir sainement entre les plantes qui l'entourent ; — l'homme du peuple farci « d'idées générales » et d'ambitions saugrenues perd la sagesse spécifique de son milieu social et professionnel. Il n'est pas libre hors de son ordre : là, il n'a que l'illusion de la liberté ; en réalité, il est mû par des mots creux ou des passions malsaines et sa souveraineté universelle se résout en fumée et en comédie. Mais ce qui est plus grave, ce qui est terrible, c'est que, dans son ordre même, il n'est plus libre. Rien plus qu'un certain mythe de la liberté n'a contribué à détruire, dans l'âme des masses, la vraie liberté, la vraie sagesse.

On peut modifier ainsi le mot de Pascal : en voulant mettre la liberté où elle n'est pas, on la détruit où Dieu l'a mise. L'homme qui n'accepte pas d'être relativement libre sera absolument esclave.

ÉGALITARISME ET FONCTIONNARISME OU LE MYTHE DU PASSAGE A NIVEAU

Soit dans l'ordre économique, soit dans l'ordre social, le libéralisme *absolu* est une monstruosité. Certes, les inégalités sociales sont naturelles dans leur fondement, mais il n'appartient pas à la seule nature de régler leur expansion et leurs rapports. Le libre jeu des intérêts et des appétits n'a jamais enfanté que de terribles désordres. Ici, comme dans tout ce qui est humain, la « bonne nature » ne se suffit pas à elle-même ; elle doit être à la fois *respectée et achevée ;* et c'est à l'intelligence et à la volonté humaine (en l'espèce au pouvoir politique) qu'incombe la tâche de cordonner et de contrôler les inégalités enfantées par la nature.

La tâche est ardue. Il s'agit d'intervenir sans blesser, d'organiser sans détruire. En face des inégalités naturelles entre les hommes, deux aberrations opposées guettent les pouvoirs publics : la première consiste à abandonner la nature à elle-même (c'est l'ancienne conception du libéralisme : laissez faire, laissez passer, le hasard s'en tirera mieux que nous...) ; la seconde à s'insurger contre la racine même de l'inégalité et à procéder à une espèce de refonte générale de la nature (et c'est l'idéal de l'étatisme socialiste). L'un vaut l'autre, et l'un appelle l'autre. L'étatisme suit implacablement le libéralisme absolu[1]. Quand des inégalités, saines et nécessaires en principe mais abandonnées à toutes les corruptions du hasard et de l'égoïsme, s'enveniment, s'opposent au lieu de se compléter et tournent au mal de l'ensemble, le salut, en apparence, réside dans leur suppression. Un organe a beau être précieux ; si l'anarchie cancéreuse s'installe en lui, un seul remède est possible : l'extirpation ! Tragique remède au reste, qui frôle et précède la mort. Il eût mieux fallu savoir préserver pour n'avoir pas besoin de détruire. Il est aussi insensé — en toute matière humaine et, *a fortiori*, en matière sociale — d'abandonner la nature à elle-même que de lutter contre la nature.

* * *

Le passage à niveau constitue un merveilleux symbole de l'État socialiste et égalitaire. Une société naturelle a des hauts et des bas, des différences, une hiérarchie. Mais comme la nature est compliquée ! Et cette complexité, cette gradation, ce fourmillement d'inégalités et de privilèges dont

---

1. Je tiens à souligner que le libéralisme attaqué ici n'a rien de commun avec le néo-libéralisme économique : celui d'un W. Lippmann par exemple.

la nature offre le spectacle apparaissent forcément, aux regards niveleurs d'un esprit nouveau-né, comme l'image du chaos ou, plus précisément, de l'*injustice*. L'homme est là, par bonheur, pour redresser la nature — cette nature aux caprices de tyran ! On conçoit donc — et on tente de réaliser — un organisme social sur le modèle du passage à niveau. C'est la solution la plus simple, la plus facile, et surtout la plus équitable. Mais comme la facilité joue de méchants tours ! Il y a beaucoup de souplesse dans une vraie hiérarchie : ses membres, existant et opérant chacun à son niveau spécifique, se soutiennent et se vivifient réciproquement : les frictions, les heurts, les « collisions » sont réduits au minimum. Sur le passage à niveau, où se rencontrent les équipages les plus disparates, les catastrophes foisonnent. L'égalitarisme a nié les degrés (en fait, il est pénible autant qu' « injuste » de superposer la route et la voie ferrée !), mais, de la confusion sur le même palier d'éléments irréductibles, naît la gabegie épuisante ou la collision mortelle. Il est éclairant de constater jusqu'à quel point deux éléments, synergiques tant qu'ils restent distincts l'un de l'autre et subordonnés l'un à l'autre, peuvent devenir antagonistes dès qu'une fantaisie égalitaire les a nivelés...

Confusion, collision... Il faut éviter cela. Alors, surgissent les barrières et les gardes-barrières : une complexité infernale, rançon de l'utopique simplicité de la construction sociale. Le garde-barrière n'a pas de fonction sociale positive, il ne sert à rien — si ce n'est à protéger l'égalitarisme contre lui-même : son labeur, purement négatif, consiste à inhiber, hacher, perturber la marche de véhicules qui se croiseraient si harmonieusement, sans contrôle rigide, sans gaspillage de temps ni d'énergie, à condition de circuler à des niveaux différents ! Et malgré le fourmillement de barrières et de gardiens, les catastrophes se succèdent, fatales, stupides. L'emplâtre de la barrière ne recouvre jamais entièrement la plaie creusée au cœur des exigences primordiales de la société humaine par l'institution du passage à niveau.

Morale de l'apologue : le passage à niveau représente l'idéal, l'état de l'équité abstraite, de la justice mathématique ; le garde-barrière symbolise la prolifération épuisante des organismes de contrôle, de défense et de protection : le fonctionnarisme. Deux pôles indissolubles de la même réalité ; on a voulu tout simplifier, tout égaliser, on a rêvé de réduire le corps social à une figure de géométrie plane. Résultat : à la complexité organique de la nature, à la complexité vivante, féconde, fille et servante de l'unité, on a substitué une complexité mécanique, artificielle et parasite. L'expérience conduite depuis vingt ans en Russie soviétique illustre avec éclat cette double face de la Révolution socialiste.

L'hérésie du passage à niveau a pour sanction la barrière et le parasite qui la garde. De même l'hérésie égalitaire : elle cherche un remède à son aberration, à la fatalité dissolvante qui niche au creux de ses entrailles dans un fonctionnarisme amorphe et démesuré. Mais ce remède exténue, mais ce remède empoisonne ! Le fonctionnarisme, c'est l'égalitarisme qui se tue lui-même en se défendant contre lui-même.

MARXISME ET FREUDISME

Marx et Freud sont frères : leurs deux systèmes procèdent, comme l'a très bien vu Rudolf Allers, du même « regard d'en bas ». L'élément inférieur (les « masses » pour le premier, les instincts pour le second) est tout. Et la forme (l'âme dans l'individu, les cadres traditionnels et les classes dirigeantes dans la société) n'est qu'un parasite masqué. Tout le mal vient du mensonge représenté par les valeurs dites supérieures. — Conclusion pratique : l'inférieur doit balayer le pseudo-supérieur et s'installer à sa place : débridement des instincts, dictature du prolétariat. Le salut consiste à délivrer ce qui est en bas du vampirisme de ce qui prétend être en haut. Quand l'inférieur sera livré à lui-même, tout sera parfait.

Il y a, dans cette espèce de jacquerie intellectuelle, une réaction très logique contre un excès millénaire. L'humanité passée avait trop cherché le salut dans le culte exclusif de l'élément supérieur ; l'homme s'arrêtait à l'esprit, la nation au Prince ou aux grands : les sens et le peuple suivaient toujours — et ils cassaient au besoin !

Qu'on songe à la part faite aux sens et aux instincts dans les vieux systèmes d'éducation, aux masses ouvrières dans l'économie libérale. En morale comme en politique, la mentalité du passé est marquée par une ignorance et une brutalité parfois monstrueuses à l'égard des forces élémentaires. Le présent a réagi, plus monstrueusement encore, suivant la tragique loi qui fait alterner les excès contraires[1], par le rêve de l'émancipation absolue de l'élément inférieur. N'insistons pas sur les résultats de cette révolution. Un organe malmené peut réagir par un cancer, mais il est la première victime de sa révolte : c'est lui que le cancer mange *d'abord*.

Le marxisme et le freudisme ont le mérite d'avoir posé, dans toute sa force et sa douloureuse acuité, le problème des « choses d'en bas ». Ici encore, une double tâche s'impose aux esprits attentifs à la vérité totale de l'homme. Ces réalités inférieures, il s'agit de les protéger à la fois contre la tyrannie des choses d'en haut, qui veut les réduire à rien, et contre leur propre révolte qui veut les égaler à tout.

Le salut, en effet, ne vient pas d'en bas : la

1. Ce qui importe avant tout pour l'homme ennemi de son unité — de son Dieu — ce n'est pas l'être au profit duquel l'équilibre est rompu, c'est la rupture même de l'équilibre, ce n'est pas l'idole, c'est l'idolâtrie. Dans tout ce que nous aimons d'une façon désordonnée, nous aimons surtout le désordre.

« délivrance » marxiste ou freudienne se résout en anarchie et en pourriture. Mais il ne faut pas non plus le chercher en haut *seulement :* un psychopathe, par exemple, ne guérit pas uniquement par la culture de sa raison et de sa volonté, ni une société malade par la réforme de sa seule élite. — Le salut vient du supérieur, mais du supérieur qui, au lieu de s'isoler en lui-même, s'incline avec intelligence et amour, sur ce qui est au-dessous de lui ; il réside dans *la reconnaissance complète*, dans la parfaite adoption de l'inférieur par le supérieur. Ainsi le psychopathe guérira par son esprit, mais par son esprit assoupli aux besoins et aux misères de sa sensibilité, la nation malade guérira par son élite, mais par son élite penchée sur les masses, adaptée aux nécessités du peuple. Purgés de leur venin révolutionnaire, le marxisme et le freudisme apparaissent comme des signaux de détresse destinés à nous rappeler que la réalité inférieure existe, qu'elle a son ordre et ses besoins propres et qu'on ne la domine qu'en la respectant.

L'ESPRIT DE GAUCHE
ET L'ESPRIT DE DROITE

Il est facile de définir l'homme de gauche comme un envieux ou un utopiste et l'homme de droite comme un satisfait ou un « réaliste ». Ces formules nous renseignent assez peu sur la vraie différence intérieure entre ces deux types d'humanité.

Essayons d'y voir plus clair. Si nous évoquons, dans chaque camp, quelques personnalités supérieures (elles seules sont peut-être capables de nous fournir le grossissement nécessaire à la découverte des essences), la constatation suivante s'impose : le grand homme de droite (Bossuet, de Maistre, Maurras, etc.) est profond et *étroit*, le grand homme de gauche (Fénelon, Rousseau, Hugo, Gide, etc.) est profond et *trouble*. Ils possèdent l'un et l'autre toute l'envergure humaine : ils portent dans leurs entrailles le mal et le bien, le réel et l'idéal, la terre et le ciel. Ce qui les distingue, c'est ceci : l'homme de droite, déchiré entre une vision claire de la misère et du désordre humains et l'appel d'une pureté impossible à confondre avec quoi que ce soit d'inférieur à elle, tend à *séparer* avec force le réel et l'idéal ; l'homme de gauche, dont le cœur est plus chaud et l'esprit moins lucide, incline plutôt à les *brouiller*. Le premier, soucieux de garder à l'idéal son altitude et sa difficulté d'accès, flairera volontiers des relents de désordre dans les « idéals » qui courent le monde ; le second, pressé de réaliser ses nobles rêves et peut-être un peu dégoûté des ascensions sévères, sera porté à *idéaliser le désordre*[1]. Ici on mêle, là on tranche...

1. A la limite, l'esprit de droite aboutit à la négation de l'idéal, celui de gauche à sa prostitution. Au reste, la source de cette perpétuelle confusion des valeurs qui caractérise une certaine mentalité de gauche, réside dans l'anarchie intérieure des individus. Ceux-ci sont des décadents en qui les facultés et les sentiments sont inachevés et affectés d'une indifférenciation redoutable. Rien n'est à sa place en eux, pas de hiérarchie interne. L'esprit, l'amour ne peuvent pas se manifester dans leur pureté : ils sont saturés d'appels inférieurs. Et la chair, l'égoïsme sont aussi trop faibles, trop inhibés pour se déployer ouvertement, ils appellent l'idéal à leur secours et se font jour sous un masque généreux. Le décadent ne sait pas disjoindre sa bassesse d'avec sa hauteur : tout en lui est brouillé, méconnaissable. S'il est vicieux, il nomme cela amour, s'il est ambitieux, il prétend servir la justice, et le pire c'est qu'il est sincère ! Aussi sa bassesse est-elle infiniment plus dangereuse que celle de l'homme de droite parce qu'elle est portée sur les ailes de l'idée. Comparez un amoureux romantique à un homme que travaille un besoin sexuel normal, un tribun socialiste à un politicien réaliste : les premiers paraissent plus grands et plus nobles, ils exercent plus de séduction. Et cela se conçoit : ils ont mis ce qu'il y a de plus haut dans leur jeu ! L'homme normal peut être hypocrite, mais il sait alors ce qu'il fait. L'hypocrisie pour lui consiste seulement à *dissimuler* sa misère. Mais celle du décadent consiste à l'*idéaliser*. Le premier ment par ce qu'il a de pire, il porte un masque extérieur. Le second ment par ce qu'il a de meilleur, il porte un masque intérieur, son visage même est masque. L'homme de droite peut être menteur, mais l'homme de gauche, à la limite, est mensonge.

Au reste, la droite et la gauche, dans ce qu'elles ont d'extrême

Musèle et châtie les démons qui sont en toi et dans le monde, dit l'esprit de droite. Fais-en des anges, nous souffle l'esprit de gauche. Le malheur, dans ce dernier cas, c'est qu'il est infiniment plus facile de travestir que de transformer.

L'ascétisme est à droite, le quiétisme à gauche. Le duel entre Fénelon et Bossuet revêt, de ce point de vue, une immense signification humaine. Bossuet avait flairé dans le quiétisme le premier indice, encore timide et voilé, de cette catastrophique confusion de Dieu et de l'homme, qui devait stigmatiser l'âge moderne. La corruption quiétiste équivaut sur le plan religieux à la corruption démocratique sur le plan politique : l'une et l'autre sont le fruit de cette hâte fébrile de l'être impuissant qui, n'ayant plus de forces pour lutter ni de réserves pour attendre, s'empresse, — afin de réaliser sans retard ni peine son rêve de plénitude

et de pervers, sont reliées par de profondes affinités. On passe avec une extrême facilité de l'une à l'autre (cf. le chapitre sur *la morale et la vie*) et ces pseudo-conversions produisent en général des résultats catastrophiques. Rien n'est plus terrible (la remarque a été déjà faite par J. Maritain dans un autre sens) qu'un homme qui, avec un tempérament de gauche, se fait, en matière politique ou religieuse, le défenseur des idées de droite. Par réaction contre sa propre confusion intérieure, il devient farouchement étroit et mutilant, il a toujours quelque chose de nouveau à trancher ou à refouler : c'est une sorte d'Argus qui n'en finit jamais d'arracher son œil qui le scanda- lise ! Réciproquement, un esprit de droite lancé dans un mou- vement de gauche aboutit, en mettant son unité et sa conti- nuité intérieures au service du désordre et de l'utopie, à porter ces maux à leur suprême expression. Les pires représentants de chaque camp sont les transfuges du camp opposé...

et de bonheur, de le confondre avec n'importe quoi. Le quiétisme et la mystique démocratique consistent à brûler les étapes — en rêve ! La fièvre est à gauche...

Les grands pessimistes chrétiens comme Pascal ou de Maistre n'ont certes pas moins de noblesse ou de générosité que n'importe quel esprit de gauche, ils ont simplement une conscience tragiquement vivace de l'abîme qui s'étend entre ce qu'est l'homme et ce à quoi il est appelé : ils sont sceptiques par respect de la vérité suprême, réalistes par amour de la *réalité* de leur idéal.

La vision et la reconnaissance sincères de la misère de l'homme seraient donc des sentiments de droite, me répondra-t-on ? Et cependant, voyez à gauche ce souci de vérité, cette tendance à tout démasquer, à mettre à nu tant de bassesses indûment idéalisées (le freudisme et le marxisme par exemple sont à gauche), tandis qu'à droite on observe plutôt le pharisaïsme, l'obscurantisme, la *pia fraus*... Je répliquerai qu'il existe aussi à droite de grands démasqueurs (un Pascal, un Nietzsche, etc.). Toutefois, il faut avouer que, dans l'ensemble, le besoin d'explorer les dessous vulgaires ou impurs de l'homme et de la société est un sentiment de gauche. L'homme de droite sent trop la *réalité* de la bassesse humaine pour éprouver le besoin de

la **crier** sur les toits, il sent aussi instinctivement
les dangers que comporte une pareille exhibition,
il éprouve enfin, en face des misères de l'humanité,
une espèce de pudeur attristée qui le porte à
détourner son regard (cette pudeur, de nature essentiellement aristocratique, dégénère, chez le type
« bourgeois », en pharisaïsme hypocrite). Et nous
assistons ici à ce curieux paradoxe. Les politiciens,
moralistes, éducateurs, etc., de droite, *théoriquement*, négligent la bassesse des hommes et semblent
même idéaliser hypocritement la nature humaine
(voir par exemple leurs conceptions un peu simplistes de l' « âme », de la « vertu », de la « patrie »,
etc.), mais, *pratiquement*, ils traitent l'homme avec
la prudence et la rigueur qu'appelle sa misère (les
climats spiritualistes furent toujours rigoureux) ;
ceux de gauche au contraire hurlent à tout vent
la matérialité, l'impureté foncières des tendances
humaines (théories marxistes et freudiennes par
exemple) ; seulement, après cette descente purement spéculative aux enfers, ils traitent l'homme
en ange et leur optimisme pratique est illimité.

Alors ? Quel est le moteur secret de cette rage
de démasquer ? Le désir de dépasser ou de combattre ce que l'homme a d'inférieur ou de vil ?
L'anti-ascétisme foncier de tous ces démasqueurs
prouve assez le contraire. L'âme de leur sincérité,
c'est encore — la soif d'idéaliser la bassesse humaine !
Quand on a prouvé que les « idéals » de l'homme
ne sont que des déguisements de l'instinct sexuel

(freudisme) ou des mobiles économiques (marxisme),
c'est-à-dire que la chair et la matière sont
l'unique réalité, quel nimbe apparaît du même
coup autour de la matière et de la chair ! L'homme
de gauche stigmatise à grands cris le mal du
monde, mais ce mal, au fond, il ne le prend pas
au sérieux : ce n'est pour lui qu'un accident super-
ficiel et éphémère ; encore un peu de temps et il
va s'évanouir au souffle du « progrès », de la « révolution », etc. Il y a encore, certes, de douloureuses
situations psychologiques dues aux conflits sexuels,
il y a aussi de cruelles injustices sociales, mais tous
ces maux disparaîtront dès que l'homme aura
vraiment pris conscience de la réalité sexuelle et
de la réalité économique. L'optimisme freudien et
l'optimisme marxiste débordent d'enseignement
précieux : pour l'homme de gauche, le mal éclairé
et dénoncé est déjà presque guéri, le mal n'est au
fond qu'un malentendu, une espèce de fausse position prise en dormant par l'humanité... Est-il
façon plus subtile et plus dangereuse d'idéaliser le
mal que de le présenter aussi extérieur et aussi
curable, évoluant avec tant de sûreté vers un bien
et un équilibre universels ?

Mais est-ce vraiment la bassesse humaine que
dénoncent les prophètes de la révolution ? Non,
puisqu'ils font de cette bassesse l'essence de l'homme.
Ce qu'ils dénoncent, ce n'est pas la matière ou le
péché (ils s'en accommodent fort bien, ils ne voient
rien au delà), c'est la gêne et la douleur inhérentes

à la matière et au péché. De la matière, du péché enfin organisés, épanouis, parvenus à la pleine conscience et à la pleine possession d'eux-mêmes, ils espèrent voir jaillir un paradis. Comprend-on maintenant ce que signifie cette hâte à dénoncer et à supprimer toutes les misères humaines ? Le malheur pourrait faire songer au péché : on est pressé d'en finir avec le cortège de douleurs que la bassesse de l'homme traîne après elle pour qu'il n'y ait plus — enfin ! — d'objections contre cette bassesse. On poursuit la douleur pour mieux canoniser le péché...

Il s'agit en effet avant tout (et combien d'idéals moraux et politiques sont fondés sur ce désir !) de rendre la bassesse indolore, d'apprivoiser et de châtrer le péché. Ces idéalistes acceptent tout de la chute — sauf l'aiguillon du châtiment. Ils cherchent, ils implorent une sorte de repos divin, dans la vanité — dans la pauvre joie et le pauvre orgueil de l'homme tombé. Ils ne doutent pas de la divinité foncière de cet homme. Aussi le spectacle du mal leur est insupportable. Tant que le mal subsistera, il sera impossible d'adorer l'homme sans réserve : un Dieu ne peut pas, ne doit pas souffrir ! Conclusion : volonté d'effacer le mal-péché comme un mythe et le mal-douleur comme un accident. Après quoi, tout dans l'homme sera bien mêlé, brouillé, divinisé ! Tout est Dieu quand il n'y a plus ni sommet ni hiérarchie. L'anarchie réalise le ciel à peu de frais.

* * *

Étroitesse à droite, mixture à gauche. Dans tous les domaines, l'homme livré à lui-même ne peut qu'osciller entre ces deux écueils. Et seul, dans tous les domaines, un climat moral et social vitalement chrétien peut lui épargner ce choix amer. Ces abîmes de la révolte et de la détresse humaine, la dureté ascétique de droite les séquestre, la *courte* folie de gauche les travestit, mais le christianisme les transfigure. — A gauche, l'ampleur impure et fiévreuse du marécage où se mêlent l'eau et la terre, les miasmes et la rosée, — à droite la pureté étroite et glacée des monts rigides, — en haut, l'ampleur suprême du ciel pur, tendre et sans fond — du ciel plus large que la plaine, plus haut et plus vierge que les monts !

ÉGOISME ET SENS SOCIAL

Je ne veux pas moraliser ici sur la notion, particulièrement imprécise, d'égoïsme. Je suis prêt à concéder que l'amour n'est qu'un égoïsme élargi et que tous les hommes sont nécessairement égoïstes : les êtres « désintéressés » sont ceux qui poursuivent des intérêts supérieurs.

Ces derniers sont rares. L'égoïsme de la plupart des hommes est terriblement étroit : il s'arrête souvent à l'individu et n'englobe, dans les meilleurs cas, que la famille ou de très petits groupes. Il serait puéril de demander à « l'homme de la rue » de sacrifier ou même de tempérer la poursuite de son intérêt personnel et immédiat, au profit du bien commun et de l'ordre universel. Cet égoïsme étroit de la masse des individus, avec tout ce qu'il comporte de menaces anarchiques, est à la fois la pierre d'achoppement et la pierre d'angle de la sagesse politique.

Les institutions sociales ne changent rien à cet égoïsme, peut-on objecter ; les hommes se valent sous tous les régimes : donc tous les régimes se valent.

L'argument est valable s'il veut signifier que tous les régimes sont imparfaits ; il porte à faux s'il veut signifier que tous les régimes sont également imparfaits. Songeons en effet à ceci. Moralement, il se peut que tous les égoïsmes se vaillent. Il reste cependant que, *socialement*, certaines formes d'égoïsme (en particulier celle des hommes dont la volonté de puissance se déploie à l'intérieur de cadres vitaux comme la famille, la corporation ou la patrie) demeurent conservatrices et fécondes, tandis que d'autres s'avèrent essentiellement désorganisatrices et consomptives. Un paysan — ce type d'humanité existe encore ! — que l'avarice incline jour et nuit sur le sol, un chef d'entreprise dévoré d'activité sont égoïstes. Un financier cosmopolite, un démagogue corrupteur, un fonctionnaire parasite, un assisté social dont l'unique préoccupation est de traire au maximum la vache étatique, le sont également. Il ne s'agit pas de porter sur ces divers égoïsmes un verdict moral, il suffit de constater que les uns servent l'harmonie et la prospérité collectives et que les autres agissent en sens inverse. Ceci posé, il est facile de comprendre que les institutions qui tendent à cultiver et à multiplier cet égoïsme anti-social se condamnent par elles-mêmes.

*
* *

Les hommes, dans leur immense majorité, sont indifférents au bien commun : leur vue est trop courte et leur cœur trop charnel pour qu'il soit possible de créer en eux un égoïsme supérieur. Il ne s'agit pas de pleurer sur ce divorce entre l'intérêt privé et l'intérêt public, il s'agit de voir si, d'aventure, ces deux intérêts ne seraient pas conciliables. Le premier effet d'une institution *saine*, c'est d'infléchir l'égoïsme individuel au service du bien commun et de faire coïncider, dans la plus large mesure possible, l'intérët privé et le devoir social.

Comment tendre vers cette harmonie ? Par une organisation de la Cité, dans laquelle chaque individu qui manquerait à sa mission sociale serait nécessairement l'objet de sanctions *organiques et prochaines*.

Il est clair, certes, que, même dans l'ordre le plus matériel, le conflit entre l'intérêt personnel et le bien commun ne peut être qu'apparent ou provisoire ; en dernière analyse, l'individu ne peut servir son propre intérêt qu'en servant aussi celui de la collectivité dont il dépend ; réciproquement, il ne peut agir contre le bien commun qu'en se détruisant lui-même. Tôt ou tard, l'égoïsme économique ou social est sanctionné. Seulement, parmi les multiples sanctions possibles de cet égoïsme, il en est qui sont *proches*, et dans cette mesure même, efficaces, et il en est qui sont *éloignées*, et, dans cette mesure même, inopérantes. L'agriculteur qui néglige de donner à sa récolte ou à son troupeau les soins suffisants, le monarque qui, par son incurie ou sa tyrannie, mène son peuple à la ruine sont châtiés, *personnellement et promptement*, de leur carence sociale. Un fonctionnaire paresseux au contraire, un assuré social qui vampirise, à l'aide de feintes plus ou moins conscientes, la « caisse » occulte et lointaine, un ministre éphémère et irresponsable ne sont rattrapés par des sanctions qu'au cours d'une profonde catastrophe sociale (effondrement de la monnaie ou de l'État, révolution, etc.), à laquelle ils peuvent d'ailleurs très bien échapper personnellement. Des sanctions si éloignées, si aléatoires, si impersonnelles ne sauraient freiner efficacement les tendances anti-sociales des individus. Il faut autre chose que l'obscure et lointaine menace d'un déluge *universel* pour maintenir l'homme dans son humble devoir particulier.

Par malheur, l'organisation moderne de la cité tend de plus en plus à ne laisser place qu'à de telles sanctions : celles qui, au lieu d'avertir et de corriger les individus lors de leurs premières infractions au bien général, ne peuvent jouer contre ces individus responsables qu'au terme d'un épuisement irréparable des ressources matérielles et morales de la cité tout entière. La montée actuelle de l'étatisme, la fonctionnarisation croissante des citoyens aggravent considérablement ce décalage mortel entre l'intérêt collectif et l'intérêt immédiat de l'individu. De même qu'elles suppriment « l'élan vital » dans tous les domaines sociaux, les institutions modernes enlèvent aux sanctions ce caractère prochain et direct qui, seul, les rend opérantes et salutaires.

.*.

Dire cela, ce n'est pas suspecter l'existence du sens du devoir dans le peuple. Le peuple a profondément le sens du devoir, mais d'un devoir limité, charnel, sans cesse incarné dans une promesse ou une menace immédiates. Il n'a pas le sens d'un devoir abstrait et universel. Tel homme du peuple qui gruge l'État de son mieux lorsqu'il en a l'occasion, se montrera d'une honnêteté parfaite dans ses relations avec son patron ou ses voisins, il sera même prêt à se dévouer pour rendre service à l'homme qu'il a devant lui, pour s'assurer une bonne réputation dans son entourage, etc. Concrètement, la loi morale n'est ni une, ni indivisible : c'est même le propre de l'homme du peuple que d'être moral sans effort sur tel plan qui est à sa mesure et d'être immoral sans péché sur tel autre plan qui le dépasse.

Un intellectuel imbu de morale abstraite ne saurait d'aillleurs « réaliser » avec quelle bonne foi et quelle innocence certains hommes issus du peuple — de la classe paysanne en particulier — peuvent se livrer, si la facilité leur en est offerte, à des actes socialement désastreux. Je me souviens d'avoir causé un jour avec un vieux paysan fort honnête, lequel bayait d'admiration en me narrant les fructueuses exactions d'un magistrat du voisinage. « Il se débrouille, me disait-il, il connaît son affaire ! » Il n'est pas difficile de découvrir la source psychologique de cette louange saugrenue. Pour ce vieux paysan, « se débrouiller », « connaître son affaire », et même, à la limite, faire son devoir et remplir sa mission sociale, cela consistait à tirer de sa terre le revenu maximum : dans ce domaine, tous les moyens sont bons ! Mais il assimilait à son propre champ la situation du magistrat. Une « place », cela se cultive, ce serait pécher que de n'en pas tirer le maximum, par tous les moyens, comme d'une terre ! Le mal que de tels déracinés font ainsi au prochain, ils ne le voient pas (le prochain ici est loin, il est invisible...), ils ne voient que le bien qu'ils se font à eux-mêmes. Moralement, ils sont presque innocents.

Je choisis à dessein ces deux cas-limites : celui du paysan qui cultive sa terre et celui du fonctionnaire irresponsable qui cultive sa situation. Le seul fait que des conséquences sociales si opposées puissent procéder, chez ces deux hommes, d'un état d'âme à peu près identique, d'un égal niveau de moralité, devrait suffire à démontrer la nécessité absolue d'un changement radical dans l'esprit des institutions modernes. L'égoïsme et le sens du devoir ne sont pas, en effet, comme un moralisme inhumain issu de Kant nous l'enseigne, deux sentiments faits pour s'opposer et pour s'exclure, ils ont la même racine ontologique (à l'égoïsme étroit et charnel dont j'ai parlé plus haut, correspond un sens du devoir étroit et charnel), dans toute nature saine, ils sont faits pour s'unir et pour s'identifier. *Et c'est le rôle normal des institutions de faire coïncider, dans leurs résultats sociaux, deux sentiments faits pour coïncider dans la vie affective des individus.* D'où l'urgence d'un système d'organisations professionnelles et locales, par lesquelles l'individu puisse être *vitalement* encadré et sanctionné.

On peut accuser cette conception d'être « terre à terre » et de faire bon marché de la haute morale. Je le dis tout net : un conflit continu entre l'égoïsme et le devoir n'est pas à la mesure de l'homme moyen. Pour ceux qui en sont capables, il restera toujours assez d'occasions d'être héroïques. Ce n'est pas porter atteinte à l'héroïsme que de ne pas l'exiger de tout le monde. Mais c'est cultiver le pire égoïsme — l'égoïsme anti-humain, anti-social — que de placer l'immense majorité des hommes dans des conditions où le simple accomplissement de leur devoir exige une moralité supérieure.

LA MORALE ET LES MŒURS

Il n'est pas de spectacle plus angoissant que celui de la disjonction croissante entre la moralité et les mœurs des hommes.

Entendons-nous d'abord sur le sens des mots. J'appelle mœurs, tout ce qui, dans la conduite humaine, ressortit à la nécessité inconsciente, autrement dit, tout ce qui se fait par instinct, par tradition, par adaptation spontanée au milieu social, etc. J'appelle moralité ce qui se rapporte à l'affectivité *spécifiquement consciente*. Il n'est pas nécessaire de communier consciemment à un idéal pour avoir des mœurs ; ce l'est pour avoir une morale. On peut parler de mœurs pour les animaux, mais on ne peut parler de moralité que pour les hommes.

Prenons deux cas extrêmes. Voici un vieux paysan avare et retors, toujours prêt à duper ses semblables dans un achat ou dans une vente, mais en même temps attaché au terroir familial et père d'une nombreuse famille qu'il élève avec dévouement. Cet homme « n'a pas de morale », mais il a de bonnes mœurs. Voici, d'autre part, un petit bourgeois dévitalisé, très scrupuleux et très digne commencer par ce qu'on appelle la vie (le monde des instincts, de l'arbitraire, de la « gratuité ») ! Ces contempteurs de la morale, ces apôtres de la nature, il n'est que de les regarder pour partager leur honteux, leur triste secret. Ils sont plus conventionnels dans leurs révoltes que les conventions qu'ils attaquent. Quoi de plus plat et de plus prévu que leurs caprices, de moins fantaisiste que leurs fantaisies ? Ils sont conventionnellement spontanés, artificiellement naturels. Leur dernier masque, c'est d'aller nus. A la limite, nous avons les fous : le chaos exsangue, l'arbitraire mécanisé, l'absence totale d'originalité et de vie dans « l'émancipation » parfaite de l'individu...

En réalité, la mécanisation de la morale, le pharisaïsme ne sont que le premier stade d'une décadence qui affecte l'homme tout entier (le poisson pourrit par la tête, disent les Musulmans). Lorsque la morale cesse d'être vie pour devenir écorce et façade, la « vie » est *déjà* malade.

La comédie est cohérente. Premier acte : l'homme moral (je parle, on le comprend bien, d'un formalisme vide d'amour) qui joue à l'ordre. Deuxième acte : l'homme immoral qui joue au désordre. Deux masques différents sur le même vide intérieur ! — Dès que naît le type « bourgeois », dès qu'ordre et vertu devenus factices se fabriquent en plaqué et en série, le désordre et le vice se muent également en camelote. La parodie conservatrice du bourgeois se prolonge et s'achève dans la parodie destructrice du révolutionnaire (celui-ci n'est pas plus un *vrai* destructeur que le premier n'est un vrai conservateur). Le *pharisien du vice* — ce suprême produit de la décadence — continue le pharisien de la vertu. Le péché n'est plus vivant quand la loi est morte.

C'est un symptôme très grave de décadence que d'entendre parler du « conflit de la morale et de la vie ». De telles contradictions ne sont pas naturelles : elles n'existent pas sur le plan de la santé ou, du moins, elles n'y présentent pas ce caractère *réfléchi et doctrinal* qu'elles revêtent aujourd'hui. Le conflit n'est pas entre la vraie morale et la vraie vie : nos révolutionnaires attaquent une caricature de la morale au nom d'une caricature de la vie (les instincts d'un homme sain ne s'amusent pas à *médire* de la morale : ou bien ils lui obéissent, ou bien ils la violent sans plus d'embarras ; l'instinct qui *discute* avec la morale est un instinct impuissant et corrompu). A vrai dire, le conflit n'est pas entre deux entités ennemies, mais entre les deux phases de la même maladie ; il n'est pas entre deux vérités, mais entre le mensonge d'hier et son enfant, le mensonge d'aujourd'hui. Encore une vérification de la loi que j'ai énoncée ainsi : les choses qui, saines, se complètent, malsaines s'entre-dévorent. La vie et la morale s'opposent l'une à l'autre dans la mesure où elles communient à la même corruption centrale de l'homme.

De telles dualités (et Dieu sait si notre monde en regorge !) sont, dans leur fond, terriblement *unes*. Elles se ramènent au plus simple, au plus solitaire des péchés, au péché unique : le refus de Dieu. L'unité se brise à l'intérieur de l'homme dès que l'homme perd contact avec l'unité divine. Séparé de l'Être qui est Tout, il dégénère *progressivement* tout entier (suivant une ligne qui descend de l'esprit vers la matière), et chaque étape de sa décadence vilipende l'étape antérieure.

Le remède ? Il ne consiste pas à choisir entre les deux formes d'un même mal, il consiste à choisir *contre* ce mal. Non pas à opter pour l'élément le plus « digne » du dualisme — pour la morale, — mais à retourner à l'unité dont l'abandon a permis la formation de ce dualisme morbide, à remonter vers la source commune de la morale et de la vie. — Alors seulement s'apaisera le conflit : la morale et la vie qui se battaient parce qu'elles avaient *la même maladie* se réconcilieront en reconnaissant qu'elles communient à *la même nature*. Ou du moins, — car un certain état de conflit est essentiel à la condition humaine — la guerre sera agent de conservation et de synthèse, et non plus de désintégration et de mort. Il est en effet des conflits liés à l'*organisation* et d'autres liés à la *désorganisation*. Les premiers servent la vie ; ils débouchent sur une paix supérieure, sur la purification et la délivrance des combattants. Les seconds naissent du désordre et aggravent le désordre, ils achèvent de ruiner l'être qu'ils habitent. Force est bien d'avouer que la plupart des conflits du monde moderne appartiennent à cette dernière espèce. La morale et la vie ne luttent dans l'âme d'un saint que pour mieux unir en haut leur *réalité* ; elles ne se heurtent, chez l'homme traître à Dieu, que pour mieux séparer en bas leurs *fantômes*.

Dès que l'homme expulse Dieu de lui-même, tout en lui (chaque fragment de son être disloqué) est appelé successivement à devenir Dieu. Et, simultanément, à devenir guerre. Où trouver un lien commun, un *modus vivendi* entre des choses dont chacune veut être le centre, que dis-je, le tombeau de toutes les autres ? Les idoles sont condamnées à se heurter éternellement sans se pénétrer jamais ; elles ne connaissent ni la profondeur étrangère, ni même leur profondeur propre (car celle-ci est amour), elles sont vouées à ne vivre qu'en surface. La pluralité des absolus (je crois bien qu'elle n'avait jamais fleuri comme aujourd'hui) engendre le détraquement universel. Là où est semée l'idolâtrie germe le chaos. Ou bien — car le chaos même ne sait plus être sincère — on voit s'élever, parmi le grouillement des idoles, une espèce de paix hypocrite, d'ordre vermoulu fondés, non pas sur l'union vivante entre les membres du même corps ou les fils du même père, mais sur les ruses, les précautions et les tolérances de dieux impuissants, une sorte d'harmonie sans fondements, d'équilibre d'acrobate, qui ne dure qu'un instant et prélude d'ordinaire à des chutes plus profondes, à des conflits plus irréductibles et plus vains.

***

Ces conflits irréductibles et vains, nous l'avons vu, ne sont pas naturels ; ils n'ont lieu qu'entre des choses qui trahissent la nature pour jouer à l'absolu : ce sont des batailles de fantômes.

Mais comment discerner un conflit sain d'un conflit malsain ? Un homme se bat devant moi pour sa passion, pour son idéal. A quoi reconnaîtrai-je la fausseté de cette passion, de cet idéal ? A ceci : à la contradiction (apparente, nous allons le voir) qui habite en eux, à leur incroyable facilité à se muer en la passion ou en l'idéal contraires (ainsi le patriotisme jacobin enfante l'internationalisme, la rigide morale bourgeoise prépare la débauche bourgeoise et l'idéalisme le plus échevelé cède automatiquement la place au réalisme le plus aptère). Je reconnais une idole à ce qu'elle est grosse de l'idole opposée et qu'elle l'enfante en mourant.

Tout idéal vrai est vierge d'idolâtrie et d'exclusivisme. Sans cesser de rester fidèle à lui-même, et en vertu même de cette fidélité, il sait s'harmoniser spontanément avec la vérité adverse (ou plutôt complémentaire). Un pacifiste authentique respecte la guerre, un homme vraiment moral ne jette pas l'anathème sur les sens et les passions :

il les intègre plutôt dans sa vertu. Tandis que le faux idéal hait férocement, fanatiquement son contraire, et, au moment même qu'il le hait le plus, il se change en lui ! Nul paradoxe en cela. En réalité, ce qu'un mensonge déteste le plus, ce n'est pas le mensonge antagoniste (il communie avec celui-ci dans l'unité du mensonge), c'est la vérité qui s'élève entre ces deux mensonges, et qui les condamne. Ce qui importe avant tout pour l'homme esclave d'une fausse foi et d'un faux amour, c'est de fuir la ligne de faîte de cette vérité : qu'il roule dans le fossé de droite ou dans le fossé de gauche, il atteint également son but. Tout « extrémiste » croit haïr l'extrême qui s'oppose à lui, mais il hait surtout le *centre*, foyer et berger des extrêmes, et c'est pourquoi il passe si facilement, suivant les hasards qui l'agitent, « d'un extrême à l'autre ». Simple changement de décor dans le même drame, de tactique dans la même guerre...

Il est d'usage de voir, dans les excès humains (et en particulier dans les aberrations doctrinales et sociales), de simples réactions contre des excès antérieurs et opposés. Cette vue n'est pas erronée, elle est seulement un peu brève. Au fond, deux excès ennemis qui se succèdent ne sont que les deux épisodes d'une guerre *unique* contre l'*Unité*, et, tranchons le mot, contre Dieu. Les idoles se haïssent, certes, mais *leur haine réciproque n'est que le reflet de leur haine commune* (ce qui, par exemple, fait le plus horreur à la « vertu » bourgeoise, ce n'est pas ce qu'elle appelle le vice, c'est la vraie vertu, la vertu dans l'amour, et le père qui divinise une loi morte et le fils qui la foule aux pieds sont également traîtres à cet amour, à cette unité). Les idoles ne luttent entre elles qu'en apparence : dans leurs profondeurs, elles sont toutes alliées contre Dieu.

Pris en eux-mêmes, les conflits qui ravagent l'humanité ne méritent pas de retenir notre attention et notre douleur. Ils ne sont que le masque — un masque qu'il faut percer — d'une autre scission qui seule est réelle et qui seule importe : la fuite hors de Dieu et de l'attraction de son amour. Le malheur n'est pas que deux mensonges s'entre-déchirent, mais qu'ils luttent sur le corps d'une vérité assassinée. Les gestes par lesquels deux idoles se blessent réciproquement me touchent peu : ce qui m'épouvante, c'est qu'elles font toutes deux un geste identique qui blesse Dieu ! La tragédie n'est pas dans la lutte des fragments entre eux, elle est dans l'unité disloquée. Quand deux idoles se battent, Dieu est *entre* elles qui saigne de tous les coups ! Quand je vois deux frères dénaturés se faire la guerre, ma tristesse ne s'arrête pas à ces misérables, elle remonte vers le Père commun qu'ils ont dû renier avant de se battre.

CENTRALISATION ET ANARCHIE

Toute unité saine postule une diversité. Réciproquement, toute diversité saine repose sur une unité. L'unité du corps humain se conçoit en fonction de la diversité de ses organes, et les organes ne sont divers que parce que le corps est un.

Dans un organisme malade, l'unité dégénère en centralisation et la pluralité en anarchie. La centralisation et l'anarchie s'appellent mutuellement : on ne peut pas les concevoir l'une sans l'autre. Cette connexion morbide a été maintes fois dénoncée sur le plan social et politique, mais elle se retrouve dans tous les domaines de l'activité humaine. Dans l'ordre strictement psychologique par exemple, nous observons, chez les mêmes êtres, un curieux mélange d'anarchie et de centralisation affectives. Faute de pouvoir unir, on centralise. Nous voyons tous les jours les hommes les plus inconséquents, les plus dispersés dans leurs occupations et leurs sentiments, ramener la multitude de leurs réactions discordantes à deux ou trois idées — j'allais dire à deux ou trois réflexes —

— aussi superficielles que fixes. Qu'on songe aussi à ces amoureux anarchiques qui changent d'amante comme de manteau : leur passion — et c'est là sa principale « variété » — s'adresse à des objets différents, mais elle est étrangement appauvrie et centralisée dans sa nature et ses manifestations : ce sont toujours les mêmes sentiments, les mêmes mots et les mêmes gestes, le même mélange de rêverie niaise et d'érotisme banal. L'amour *un* du plus humble des couples fidèles est infiniment plus riche, en variété et en profondeur...

Une remarque en passant : cette pseudo-unité qu'est la centralisation se fait généralement autour de l'élément le plus corrompu. Un corps malade est asservi aux exigences du moins sain de ses organes, une nation malade est gouvernée par la lie de ses habitants.

Ce déclin rigoureusement corrélatif de la diversité et de l'unité revêt un caractère essentiellement tragique. Jamais les hommes n'avaient été aussi semblables et aussi étrangers les uns aux autres. Et jamais non plus ils n'avaient été rivés entre eux par des liens aussi artificiels et aussi inhumains. L'humanité ressemble à un corps dont les organes en voie de dissociation seraient rattachés les uns aux autres par des crampons de métal. L'enfer, suivant le mot de Péguy, redéborde sur la terre, l'enfer dont le même néant — le même démon — *sépare et groupe* à jamais tous les habitants. L'enfer en effet est le lieu où la centralisation et l'anarchie sont portées à leur expression suprême.

Il y a là, comme dans toute maladie profonde, un implacable cercle vicieux : le mal appelle un remède artificiel, et le remède artificiel, à son tour, après un coup de fouet factice, aggrave le mal. La dissolution anarchique cherche dans un étatisme glacé un refuge contre elle-même : les systèmes politiques ressemblent à d'immenses frigidaires où gisent, artificiellement rassemblés, les *disjecta membra* de l'humanité. Mais la congélation la plus rigoureuse ne suffit pas à rendre la vie à des membres mutilés : elle ne suspend un moment leur corruption que pour mieux **la** précipiter dans la suite.

Il serait facile de choisir, dans tous les domaines, une multitude d'exemples de ce processus qui tend simultanément vers l'indifférenciation et vers l'anarchie. Je me borne à une illustration saillante, empruntée au spectacle du monde économique actuel. Dans ce siècle de l'homme en série et de la fabrication standard, où tout artisanat, toute division organique du travail agonisent, on constate un grouillement sans précédent de « spécialistes » et de « spécialités ». On cherche en vain un cordonnier au village, mais on trouve en ville une manucure à tous les coins de rue ; on boit partout, au lieu du bon vin que chaque ancien vigneron faisait « à sa façon », un ignoble liquide standard, mais 24.000 spécialités pharmaceutiques sont inscrites au Codex... Distinguons. La vraie spécialisation professionnelle est de nature organique : elle est par conséquent *limitée :* les métiers vitaux ne sont pas multipliables à l'infini. La fausse spécialisation au contraire résulte de l'uniformité, et, par là même, elle ne connaît pas de limites : on peut diviser sans fin un corps indifférencié ! Telle est la clef de cet apparent paradoxe, qui fait croître simultanément l'atomisation et l'uniformité.

La saine spécialisation professionnelle repose sur l'unité et la diversité de la vie : pointée vers la partie, elle reste *enracinée dans le tout,* nimbée de sagesse universelle (qu'on songe aux trésors de prudence et d'initiative non seulement techniques, mais humaines, que doit dépenser un artisan de village qui fabrique *et vend* lui-même sa marchandise) ; ainsi centrée sur le tout, elle sert le tout : c'est la spécialisation du microcosme.

La fausse spécialisation est celle du *fragment informe ;* elle s'adresse à des fantômes abstraits ; son objet n'est pas la partie gonflée du tout, mais le pseudo-tout qui gît dans le cadavre de la partie mutilée. Ainsi séparée du tout et centrée sur elle-même, elle encrasse et parasite l'organisme collectif. Aucun salut économique ne sera possible tant que les activités humaines continueront à se différencier suivant un rythme étranger à l'être et aux besoins de l'homme, autrement dit tant que la *spécialisation* ne correspondra à aucune *spécificité* naturelle.

Nous l'avons vu : la centralisation est le tombeau de l'unité et l'anarchie celui de l'originalité. La santé du tout se nourrit de l'indépendance de ses parties et la santé de chaque partie de sa soumission à l'égard du tout.

Le problème des rapports du tout à ses parties, de l'unité à la diversité ou, si l'on préfère, de l'autorité à la liberté, se résout dans la notion de *gravitation excentrique*.

Cette notion se vérifie à tous les degrés (physique, biologique, spirituel, social...) de la création. En termes très généraux, elle peut se formuler ainsi : toute unité implique un minimum de tension vitale entre les éléments associés et hiérarchisés. Même dans les types les plus élémentaires de l'existence associée, on observe déjà, parallèlement à l'insurmontable suprématie du centre, un certain degré de tension entre ce centre et les éléments qui en dépendent. Ainsi, la gravitation d'un astre autour d'un astre central comporte toujours un certain coefficient d'excentricité. Par là, se trouvent synergiquement assurées l'unité de l'ensemble et la vie propre de chaque partie.

On fausse complètement les notions d'attraction, de sympathie, d'ordre, d'unité, etc., si l'on ne veut pas tenir compte de l'état de conflit latent enveloppé dans ces notions. L'unité biologique d'un être est déjà fondée sur de multiples antagonismes qui se neutralisent au sein d'une unité supérieure : chacun connaît par exemple les oppositions entre les diverses glandes endocrines. Psychologiquement, une harmonie absolue et constante entre la sensibilité et l'esprit n'est pas réalisable, et toute affection entre deux êtres comporte une nuance d'aversion vaincue. Tout cela est parfaitement normal. Tout être créé est à la fois quelque chose d'absolument *irréductible* et d'absolument *insuffisant*. De son originalité foncière jaillit sa tendance à constituer un centre suprême, à ne dépendre que de lui-même, de son insuffisance découle son besoin de graviter autour d'autre chose. *La synthèse de ces deux inclinations constitue la gravitation excentrique.* Toute attraction entre choses créées — et par conséquent, toute unité, tout ordre terrestres — comporte ce mélange de refus et d'offrande. Bien plus, c'est la capacité de solitude, d'auto-affirmation et d'excentricité incluse dans l'être aimant qui conditionne la force et la fidélité de sa gravitation autour de l'être aimé. Un système créé d'où l'excentricité serait absolument bannie serait un système mort. C'est seulement à l'égard du centre divin que l'excentricité cesse d'être nécessaire, car ce qu'une créature possède de plus irréductible et de plus solitaire se confond précisément avec l'attraction divine. Vis-à-vis de Dieu, l'excentricité est carence, néant, péché...

Il est clair aussi que cette excentricité (relative) des parties subordonnées renforce le dynamisme du centre. La puissance d'un centre attractif se mesure au nombre et à la résistance des éléments que ce centre peut retenir autour de lui. Là où la soumission inerte aux influences du centre résorbe totalement la tendance excentrique de l'élément satellite, le centre lui-même se détend et s'affaiblit. Dans les sociétés humaines, la soumission automatique, le conformisme passif des organismes subordonnés entraînent l'affaiblissement et la décadence du pouvoir central. Une autorité qui n'a plus rien à dominer ni à intégrer est vouée nécessairement à la sclérose et à la mort.

*
* *

Un ordre dans lequel la passivité de l'engrenage tend à se substituer au rythme des tenseurs vitaux peut donner l'impression d'une unité plus parfaite, on peut obtenir, grâce à lui, des résultats plus directs et plus rapides : il n'en reste pas moins anti-naturel et voué, par son essence, aux pires échecs.

Les formes du pouvoir humain tendent de plus en plus à supprimer la « gravitation excentrique ». La notion d'une obéissance qui se nourrirait de l'originalité, de la liberté même de l'élément dépendant, tend à s'effacer. La plus profonde et la plus meurtrière des tyrannies menace l'homme.

Certes, le passé a connu d'effroyables abus de pouvoir. Mais ces tyrannies anciennes restaient, si je puis dire, *physiques* ; elles inhibaient la liberté dans son exercice extérieur, elles ne rongeaient pas ses racines spirituelles, elles ne l'empoisonnaient pas dans sa source. Les hommes étaient des *esclaves*, ils n'étaient pas des *pantins*. Aujourd'hui, les chaînes qui liaient jadis le corps de l'esclave sont devenues les ficelles qui meuvent, de l'intérieur, l'âme de la marionnette. L'école, la presse, la radio, le cinéma s'acharnent à réaliser la parfaite mécanisation de l'âme. La tyrannie, au sens classique du mot, s'arrêtait au seuil de la conscience. Vous pouvez tout sur moi, disait à un tyran je ne sais quel ancien, sauf une chose : m'empêcher de penser ce que je voudrai. C'était encore trop d'optimisme : les secrets de la « psychotechnique » moderne (le mot est de P. H. Simon) n'étaient pas encore découverts...

Que cette corruption de l'autorité soit exigée — et, dans un certain sens, légitimée — par la corruption de la liberté, c'est ce que nous avons déjà montré. Mais il est vain d'expliquer la tyrannie par l'anarchie ou l'anarchie par la tyrannie. Aucune de ces deux corruptions n'est cause première ; elles résultent l'une et l'autre de la même corruption centrale, du même glissement de l'homme hors de l'unité de sa nature et des sources de sa vie, — de ce processus de *disjonction idolâtrique* par lequel chaque élément relatif, devenu pour lui-même un centre absolu, ne peut s'affirmer qu'en excluant tout le reste. Ainsi, la liberté devient révolte et l'autorité tyrannie, et elles s'opposent et s'enfantent sans fin l'une l'autre.

En attendant, la société tend à devenir une immense machine où — comme dans tout, ordre mécanique — chaque rouage est condamné à une passivité absolue ou à une originalité destructrice. Il est de moins en moins possible de « servir » avec sa liberté, avec son âme : il faut choisir entre l'isolement et l'esclavage, il faut plutôt se résigner — car il n'est pas de vraie liberté sans communion ni de vraie communion sans liberté — au double joug de l'isolement et de l'esclavage. L'analogie avec l'enfer — le pays des esclaves solitaires — s'impose douloureusement.

L'INÉGALITÉ
FACTEUR D'HARMONIE

La fièvre égalitaire est un des maux les plus profonds et les plus graves de notre époque. Avouée ou déguisée, elle perturbe, dans tous les domaines, l'équilibre de l'humanité. Elle fait se heurter entre eux, dans une compétition sans issue, les individus, les classes sociales et les nations. A la limite, chacun en arrive à trouver insupportable de n'être pas l'égal de n'importe qui, en n'importe quoi. Un aventurier aspire au pouvoir suprême, le « prolétariat » veut balayer les classes dominantes, les peuples « pauvres et dynamiques » se sentent tous les droits à l'égard de leurs voisins riches. Évidemment, on a inventé, pour justifier cette maladie honteuse, des vocables pleins de grandeur : le pauvre attaque le riche au nom du « droit à l'existence », le taré physiologique qui veut se marier au mépris de tout devoir social excipe de son « droit à l'amour », et les nations conquérantes agitent la doctrine de l' « espace vital ». Mais tous ces grands mots ne servent qu'à rendre plus répugnante l'égoïste réalité qu'ils recouvrent.

Comme toutes les aberrations humaines, ces aspirations insensées ont pourtant un fondement dans le réel. L'égalitarisme — je considère cette définition comme capitale — représente la caricature et la corruption du sens de l'harmonie et de l'unité sociales. Toute critique sérieuse de l'égalitarisme implique donc une étude précise des conditions de cette harmonie et de cette unité. On ne peut définir une maladie qu'en fonction de la santé

Les inégalités naturelles et les inégalités sociales.

Si les hommes sont tous égaux en tant qu'hommes, ils incarnent, si je puis dire, à des degrés très divers l'essence humaine. Il n'est que de comparer entre eux, les individus, les peuples et les races pour constater une multitude presque infinie d'inégalités naturelles. Les hommes naissent inégaux en santé, en force physique, en intelligence, en volonté, en amour, etc. Une telle inégalité présente un caractère de nécessité absolue : nul moyen d'y échapper ni d'y porter remède, et, si c'est un mal, ce mal est incurable. Aussi est-elle admise par tous les esprits sains, non seulement en fait, mais en droit.

A côté de ces inégalités naturelles entre les hommes, on observe l'inégalité dans les fonctions et les privilèges inhérents à la hiérarchie sociale. Tous les hommes n'ont pas le même rang dans la cité, ils sont inégalement puissants, inégalement riches, etc. Et ici une remarque centrale s'impose : ces inégalités sociales ne sont pas calquées sur les inégalités naturelles ; il est même rare que les êtres les mieux doués par la nature soient aussi ceux qui exercent le pouvoir ou détiennent la fortune. Cet écart entre les dons naturels et la mission sociale est fort bien exprimé par l'Écriture : « J'ai encore vu sous le soleil que la course n'est point aux agiles, ni la guerre aux vaillants, ni le pain aux sages, ni la richesse aux intelligents, ni la faveur aux savants, car tout dépend pour eux du temps et des circonstances. »

On conçoit qu'une telle marge de contingence entre les capacités naturelles des hommes et leur rang social ait inspiré des doutes sérieux sur la légitimité de certaines inégalités. Que, de deux hommes, l'un soit fort et l'autre faible, l'un intelligent et l'autre sot, personne ne peut rien contre cela. Mais que l'un soit prince et l'autre roturier, l'un riche et l'autre misérable, on sent instinctivement qu'une telle différence n'a rien de fatal et que, dans bien des cas, le rapport pourrait être renversé sans dommage. Et ceci soulève une nouvelle question.

Problème de l'inégalité artificielle.

Les esprits simplistes ont tendance à considérer les inégalités sociales comme artificielles. Il s'agit de s'entendre sur le sens de ce dernier mot. Si l'on veut dire par là que les différences sociales ne s'imposent pas avec ce poids de nécessité primaire et directe qui caractérise les différences **naturelles** et qu'elles sont *en partie* l'œuvre de l'homme comme une maison, un poème, un champ cultivé, etc., nous sommes d'accord. Mais si artificiel prétend signifier factice, irréel, et, par conséquent, illégitime et digne d'être détruit, nous faisons **toutes** nos réserves. Car la nature humaine implique la vie en société et la vie en société la hiérarchie et ses différences. L'artificiel des inégalités sociales est du naturel'au second degré : c'est le produit spontané de la nature d'un être fait **pour** créer et organiser.

J'entends bien, pourra rétorquer l'égalitariste. Aussi n'est-ce pas le principe des inégalités sociales que je dénonce comme artificiel, c'est le *fait* que ces inégalités reposent si peu sur les différences naturelles. Ce qui est injuste, ce qu'il faut détruire, c'est un état social où l'on observe un tel divorce entre les capacités des hommes d'une part, leur mission et leurs privilèges de l'autre.

L'argument n'est pas suffisant. Une différence de rang social ou de fortune entre deux hommes ne mérite pas d'être condamnée par le seul fait qu'elle ne s'appuie pas sur une inégalité naturelle. Un citoyen bien doué peut toujours se dire avec justice, en présence des fautes de tel monarque ou de tel grand financier : Pourquoi pas moi ? J'userais mieux du pouvoir ou de la fortune que cet homme. Mais la réponse est facile : Quel moyen avez-vous pour vous emparer de ce pouvoir ou de cette fortune ? Possédez-vous une recette infaillible pour amener automatiquement « les plus dignes » au sommet de l'échelle sociale ? Si oui, vos revendications sont légitimes... Rousseau signalant non sans raison, dans le *Contrat social*, les carences de l'hérédité, ajoutait que la démocratie élective confierait presque nécessairement le pouvoir à l'élite de la nation. Hélas ! il suffit de regarder les nouveaux maîtres que nous a octroyés, depuis plus d'un siècle, ce système électoral dont on attendait l'âge d'or pour savoir que le fossé entre les inégalités humaines et les inégalités sociales ne tend pas à se rétrécir. Les hasards du *struggle for life* se sont révélés plus désastreux encore que ceux de l'hérédité...

Il serait, certes, souhaitable que la hiérarchie sociale fût basée sur la hiérarchie naturelle. Mais une telle harmonie représente un idéal vers lequel une société saine doit tendre incessamment, sans espérer jamais le réaliser pleinement. S'il suffisait, pour rejeter un système social, de constater qu'il n'amène pas forcément les meilleurs aux premières places, toutes les formes de société devraient être éliminées en bloc...

Il reste cependant que les divers systèmes sociaux sont inégalement imparfaits, et, justice faite des exagérations égalitaires, il reste aussi qu'il y a beaucoup d'artificiel, au mauvais sens du mot, dans les inégalités sociales. Et le problème rebondit : qu'est-ce qu'une inégalité artificielle ?

L'inégalité organique
et l'inégalité anarchique.

Je ne sais pas si le dernier souverain de Byzance, Constantin Dragasès, qui se fit tuer sur les remparts de sa ville après une défense héroïque, était, parmi les innombrables habitants de son empire, le plus digne du pouvoir suprême ; je ne sais pas non plus si le plus riche propriétaire de mon village, qui travaille lui-même et fait travailler de nombreux ouvriers, « mérite » spécialement sa fortune. Mais je sais bien que ni l'un ni l'autre ne jouissent de privilèges artificiels : je les sens à leur place, ils servent à quelque chose, le premier faisait son métier de roi, le second fait son métier de riche. Si je songe par contre à tel monarque moderne qui abandonne son peuple après l'avoir exhorté à lutter jusqu'à la dernière goutte de sang ou à tel « heureux » gagnant de la loterie nationale vautré dans un luxe ou des plaisirs imbéciles, j'ai l'impression très nette que ces deux hommes ont été l'objet d'une faveur absurde de la destinée : ils ne sont pas à leur place, ils ne servent à rien, ils ne font pas leur métier...

On le voit : l'inégalité des rangs et des privilèges devient factice et injuste dans la mesure où elle ne correspond plus à l'inégalité des « missions », des charges et des responsabilités. Un roi qui « laisse tomber » son peuple en songeant qu'il reste à l'étranger des palaces et des casinos où la vie est douce est un mauvais roi ; un riche qui ne rachète pas sa fortune, soit par ses entreprises et ses bienfaits, soit par cette distinction et ce luxe des sentiments que favorise parfois l'oisiveté matérielle, est un mauvais riche. Quand je ne sais quel seigneur médiéval disait, pour expliquer la différence entre un noble et un rustre que, placés l'un et l'autre entre la mort et la honte, le rustre optait pour la vie et le noble pour la mort, il définissait sommairement le principe d'une inégalité saine : le risque à côté du privilège, le risque, contre-partie du privilège... C'est malheureusement la pente naturelle de l'égoïsme humain que de rechercher les privilèges sans les risques ni les charges. On veut s'élever, non pas, comme il serait légitime, pour mieux se donner, *s'engager*, mais pour mieux *se dégager*, pour tirer son épingle du jeu ! On combine paradoxalement la soif de monter et le désir d'être à l'abri : on veut être d'autant plus en sécurité qu'on est plus haut, ce qui est proprement absurde. Et les inégalités créées par cet état d'esprit sont anarchiques par essence ; comme le plaisir sexuel séparé de la fonction procréatrice, elles n'ont aucune espèce de finalité collective ; elles ressemblent à des corps étrangers dans l'organisme social.

Ce culte de la fausse inégalité, de l'ascension sans mérite ni sacrifice, va de pair nécessairement avec le culte de l'argent. Dans une société saine, le sort personnel des chefs et des puissants est lié à celui des hommes qu'ils gouvernent ou des biens qu'ils possèdent : le prince fait corps avec son peuple, le seigneur avec sa terre, etc. ; le bonheur et la sécurité de ces hommes dépendent en grande partie de l'accomplissement de leur devoir social. Le riche au contraire (en tant que détenteur de monnaie anonyme) n'est rivé à aucune fonction précise dans la cité : quelle que soit son abdication, sa démission à l'égard de ses devoirs sociaux, il jouira partout des mêmes privilèges et de la même sécurité. Qu'on songe aux rois en exil, aux financiers cosmopolites, voire aux petits rentiers égoïstes...

L'inégalité artificielle consiste donc avant tout dans l'inégalité financière, *sans base ni correctif fonctionnels*. Une société s'avère malsaine dans la mesure où elle tend à fonder sa hiérarchie sur la différence morte des fortunes[1], au détriment de la différence vivante des fonctions. Cette tendance fut, comme on sait, le stigmate indélébile de la société capitaliste...

Résumons-nous : pour qu'une inégalité sociale soit légitime, il n'est pas nécessaire qu'elle soit calquée sur une différence de valeur personnelle (l'idéal du *right man in the right place* se présente comme une asymptote...), il suffit que chacun

---

1. Ces remarques sont valables, non seulement pour la société capitaliste, mais aussi pour la société étatique : un fonctionnaire grassement payé et sans vraies responsabilités jouit de privilèges tout aussi artificiels qu'un propriétaire de capitaux anonymes. Ajoutons encore que les bénéficiaires d'une fausse inégalité ne sont pas nécessairement ceux qui occupent les degrés élevés de la hiérarchie sociale : il advient que les profiteurs de la désharmonie collective soient les « prolétaires ».

exerce une fonction organique et serve de son mieux, dans son ordre, le bien collectif.

Source du faux égalitarisme.

Qu'on nous permette maintenant un bref excursus psychologique sur les racines de ce terrible instinct d'égalité qui bouleverse les sociétés.

Le premier réflexe de l'égalitarisme est ce cri : Pourquoi pas moi ? De quel état d'âme jaillit-il ? Prenons un homme quelconque qui envie le sort d'un grand personnage et qui se dit : je voudrais bien être à sa place ! Qu'envie-t-il dans cette destinée supérieure ? Est-ce les charges, les risques et même l'austère joie de servir (la plupart du temps, il n'y songe pas seulement), ou bien le prestige, la fortune et toutes les possibilités de plaisir et de repos, qui font corps dans sa pensée avec la situation du personnage envié ? La réponse est trop facile... L'instinct égalitaire a les mêmes sources que l'instinct hédoniste, il est la marque de la même décadence.

L'hédonisme en effet naît d'un processus de désagrégation affective par lequel la soif du bonheur, naturelle à tous les hommes, se sépare de la soif d'agir, de se donner, de lutter, de l'élan vers la *vertu*, au sens étymologique et très large du mot. Chez l'homme sain, ces deux instincts sont étroitement liés l'un à l'autre : le bonheur est le couronnement de l'effort et du don, il grandit en fonction de la perfection acquise. Le décadent au contraire n'associe pas l'idée de bonheur à celle de perfection et d'ascension ; il ne connaît pas d'autre perfection que la jouissance et la sécurité : Dieu pour lui n'est pas pureté, il est bonheur et repos. Aussi, pour peu que sa situation sociale soit inférieure, est-il spontanément égalitariste : dans cet ordre du bonheur matériel et du refus de servir, qui seul existe pour lui, en face des privilèges sans la mission, des privilèges qui permettent la démission, le dernier des hommes peut légitimement ambitionner les plus hautes places. En face de l'argent surtout : tout le monde se sent digne d'être l'élu de cette divinité anonyme, tout le monde se sent capable, à la limite, de jouir et de ne rien faire ! Ce n'est pas d'ailleurs l'effet du hasard si les époques où le primat social est dévolu à l'argent sont aussi celles où sévit la pire fièvre égalitariste.

Mais ces ouvriers qui jalousent la vie facile d'un morne client de palace, ce vieux paysan que la nécessité force encore, pour son bonheur, à s'incliner sur la terre et que la creuse oisiveté du petit retraité voisin soulève de convoitise, tous les cœurs crispés par un « pourquoi pas moi ? » corrosif, qu'envient-ils en réalité à leurs frères « privilégiés » ? Si étrange que cela paraisse, ils leur envient leur propre néant ! Pointée vers le privilège sans devoirs, vers le péché (car le refus de servir est la définition même du péché), la volonté d'égalité devient une volonté de néant, un vertige d'auto-dégradation et de mort. Et là résident le secret et la logique du « communisme ». Il n'est que deux choses absolument communes à tous les hommes : leur néant originel et le Dieu qui les a créés. S'ils sont trop faibles ou trop pécheurs pour s'unir dans le culte de ce Dieu, ils tendent invinciblement à communier dans ce néant.

Mais ce n'est pas au néant pur et simple qu'aboutit l'égalitarisme : l'homme et la société ont la vie dure ! Péché capital contre l'harmonie — laquelle n'est pas autre chose qu'un jeu d'inégalités fondées sur les fonctions et les devoirs —, l'égalitarisme enfante le chaos, autrement dit, il substitue au jeu des inégalités organiques un fouillis d'inégalités absurdes et dévorantes, fruits de l'intrigue et du hasard — de tout ce qu'il y a de moins humain dans l'homme. Il est clair par exemple, au dire des témoins les plus autorisés, que le « communisme » soviétique, fondé en droit sur l'égalitarisme le plus rigide, a donné naissance en fait aux inégalités les plus révoltantes que l'histoire ait jamais connues.

Inégalité et harmonie.

Écoutons une mélodie. Chaque note y occupe une place différente dans l'échelle des sons, tous les éléments musicaux (et les silences mêmes) sont inégaux entre eux, et, sans cette inégalité, la mélodie n'existerait plus. Mais elle n'existerait pas davantage si l'on supprimait, entre ses divers éléments, cette espèce d'égalité profonde qui résulte de la communion, de la fusion dans l'unité du même tout : nous n'aurions plus alors qu'un chaos de sons.

Cette double exigence d'inégalité et d'égalité se retrouve à l'échelle de la société humaine. A la notion plate d'égalité, il importe de substituer la notion profonde d'harmonie. La seule égalité réelle et souhaitable entre les hommes ne peut résider ni dans les natures ni dans les fonctions, elle ne peut être qu'une *égalité de convergence.* Elle repose sur la communion, et la communion ne va pas sans la différence : les grains de sable du désert sont tous identiques et étrangers les uns aux autres...

Dans toute harmonie, l'interdépendance corrige et couronne l'inégalité : les notes d'une mélodie sont si bien liées les unes aux autres dans l'unité de l'ensemble que, prises séparément, elles n'ont plus d'âme ni de fonction. Ainsi devrait-il en être pour la vie sociale. A défaut de l'impossible et catastrophique communauté de devoirs et de privilèges, il faut qu'il existe entre les hommes, et surtout entre les dirigeants et les dirigés, une espèce de *communauté de destin.* Les vrais chefs sont pour le peuple une *tête,* ils sont à la fois distincts de lui et liés à lui : la tête et le corps vivent, souffrent et meurent ensemble... Mais les mauvais maîtres — encore qu'ils soient presque tous d'ardents égalitaristes et qu'ils prétendent, avec une fausse et flatteuse humilité, s'identifier au peuple — sont étrangers à ceux qu'ils dirigent, ils ne servent de tête à personne, et toute leur habileté consiste à jouer du dehors et pour leur profit personnel avec les réflexes d'un corps décapité...

Et ceci nous amène à formuler la loi suivante : une institution est saine dans la mesure où elle favorise cette salutaire interdépendance entre les membres de la hiérarchie sociale. Des organisations comme le système féodal et le système corporatif sous l'ancien régime servaient un tel but : aussi n'est-ce pas à un vice formel qu'elles ont succombé, mais à la carence des personnes. Il est clair au contraire que les mythes sociaux qui ont dominé le XIXᵉ siècle (capitalisme, suffrage universel, fonctionnarisation des citoyens, etc.) sont malsains dans leur principe, car ils atomisent les hommes. Ce n'est pas de quelques retouches, c'est d'une refonte générale que les institutions modernes ont besoin.

Mission de la France chrétienne.

On frémit en songeant aux abîmes de misère et de corruption qui engloutiraient les peuples si, après la fièvre et l'hémorragie guerrières, nous nous retrouvions placés dans un climat moral et politique semblable à celui qui a suivi la dernière guerre.

Épuisées comme elles sont, il n'est pas possible

que les structures sociales actuelles résistent long-temps à la crise qui les ébranle, et qui est leur œuvre ! Tout le monde est d'accord pour prévoir et désirer, à brève échéance, l'éclosion d'un nouveau monde. Si cette attente doit être comblée, nous sommes certains que le génie et le cœur français y contribueront puissamment.

Le peuple français possède en effet, à un degré unique, le double sens de l'égalité et de l'inégalité. Aucun autre n'est aussi individualiste, aussi rebelle à l'esprit grégaire : c'est en France qu'on observe, dans l'ordre des fonctions et des pré-séances sociales, les inégalités les plus nombreuses et les plus subtiles : nous sommes le peuple qui présente le maximum de « distinction » (au double sens du mot) et, par conséquent, le minimum d'égalité. Mais nous sommes aussi le peuple où la conscience de l'égalité profonde entre les hommes s'est affirmée, saine, avec le plus de justice et a causé, corrompue, les plus grands ravages. Après le « qui t'a fait roi ? » jeté par un sujet à la face du premier capétien et cette « fange commune » que Bossuet rappelait aux grands, nous avons eu, hélas ! la terrible mystique égalitaire de la révolution française...

Nous tenons les deux bouts de la chaîne : c'est à nous qu'il appartient d'unir, dans une synthèse harmonieuse, l'esprit d'inégalité et l'esprit d'égalité. Il serait vain de se livrer maintenant à des anticipations fantaisistes et de vouloir tracer l'épure exacte de la cité future. Mais on peut prévoir avec certitude que la société n'échappera à la montée dévorante du matérialisme que si nous voyons renaître des institutions apparentées au corporatisme dans l'ordre économique et à l'esprit de la chevalerie et du sacerdoce dans l'ordre politique. Seules, de telles institutions seront à même de freiner efficacement l'égalitarisme, en substituant à l'inégalité matérielle et quantitative une inégalité pointée vers la qualité et l'esprit, ou, du moins, en faisant de la première, non plus une valeur absolue, mais simplement le support ou l'instrument de la seconde. Et, du même coup, elles travailleront à rétablir l'égalité saine, car la matière divise et l'esprit unit.

Notre idéal repousse à la fois l'égalitarisme qui veut effacer les différences sociales et cette fausse mentalité aristocratique qui tendrait à les durcir en différences d'essence (il serait ridicule que le chef rendît l'amour qu'on lui porte, disait déjà Aristote...) ; *il consiste à purifier et à organiser les inégalités en vue d'une égalité plus profonde, plus précisément, à mettre l'inégalité au service de l'unité.*

Mais cette unité, qu'est-elle, sinon l'amour, et qu'est-ce que l'amour, sinon Dieu ? A travers leurs inégalités naturelles et sociales, tous les hommes sentent obscurément qu'ils procèdent de la même source et concourent à la même fin. Le mauvais égalitarisme naît du raidissement égoïste de cette intuition qui n'est vraie que dans la ligne de l'amour : comme toutes les grandes aberrations de l'homme, il découle du refus de la condition de créature et de l'ambition d'être comme Dieu. La vraie égalité est le fruit d'un amour commun ; elle présuppose donc l'oubli et le don de soi. Mais si chacun ne pense qu'à soi, si l'inférieur se fige dans son envie et le supérieur dans ses privilèges, de quel nom appeler la fièvre d'égalité qui surgit dans un tel monde ? Elle n'est plus alors qu'un prétexte ou un étendard dans cette lutte, aussi vieille que le péché, entre des petits dieux affamés qui considèrent comme une injustice absolue, *mais réparable*, toute limite à leur volonté de plaisir ou de puissance, et dont chacun veut tout avoir, et pour lui seul. C'est en effet une loi fatale : *les hommes qui se détournent de l'amour commun sont voués à la haine réciproque.* Et l'esprit d'égalité procède nécessairement de l'une ou de l'autre de ces deux sources. Aussi n'est-il pas de structure sociale solide sans climat religieux. Un seul amour commun est capable de rapprocher efficacement les hommes : c'est l'amour suprême. Et tous les mythes au nom desquels on a prétendu unir les hommes en dehors de Dieu ont multiplié la séparation et l'anarchie. Qui n'amasse pas avec moi disperse...

La France ne retrouvera sa mission qu'en retrouvant son Dieu. Ignorante de ce Dieu, la révolution de 1789 fit dévier vers le néant la grande idée chrétienne d'égalité. Le monde attend maintenant une révolution française chrétienne.

L'égalitarisme athée est malsain parce qu'il n'a pas d'autre ressource que de rogner jusqu'au néant les différences humaines. Mais l'égalitarisme chrétien est sain parce qu'il est fondé sur le *dépassement* et non sur l'*extinction* de ces différences : il les prolonge jusqu'à leur origine et leur fin communes, qui est l'amour éternel. Et c'est ainsi que s'accomplit, dans l'unité de cet amour, la synthèse de l'égalité et de l'inégalité.

BIOLOGIE DES RÉVOLUTIONS

Je tiens à limiter mon sujet. Je ne veux pas parler des révolutions en général. Sous le nom de révolution, je vise avant tout ici la révolte des *masses* contre l'autorité, plus précisément le bouleversement social de type démocratique (comme par exemple la révolution française de 1789 ou la révolution russe de 1917). Dans l'antiquité et le début des temps modernes, de tels conflits n'existèrent guère : les révolutions naissaient alors d'une rivalité de *chefs*, elles se passaient en quelque sorte à l'intérieur de l'élite, et le peuple (l'armée) ne jouait là qu'un rôle purement instrumental. Ou, du moins, s'il exista de vrais soulèvements populaires (guerre des esclaves, jacquerie, révolte des paysans allemands, etc.), ceux-ci, en général avortèrent et furent terriblement réprimés, ce qui rend leur étude beaucoup moins fertile en enseignements que celle de convulsions plus récentes qui purent, grâce à leur triomphe, porter tous leurs fruits. Nous vivons en effet dans l'âge d'or où les peuples devenus majeurs — les « nations nubiles », comme disait

Victor Hugo — changent eux-mêmes leurs destinées[1].

*
* *

On ne saurait mieux définir une révolution qu'en la comparant à une maladie infectieuse. Jacques Bainville a dit quelque part que le peuple français, en commémorant la prise de la Bastille, ressemblait à un homme qui fêterait l'anniversaire du jour où il aurait pris la fièvre typhoïde.

La fièvre typhoïde, en soi, est un mal. Mais il advient qu'elle « purge » et rénove un organisme et prélude à une phase de santé plus pure et plus riche. Ainsi des révolutions : leur existence ne peut se justifier que par les réactions salutaires qu'elles provoquent parfois dans une organisation sociale qui les précède, qui les supporte et qui leur survit. Si les révolutions « font du bien », ce bien présuppose l'ordre et la tradition qu'elles bouleversent : il se réalise dans cet ordre ancien, à la fois rétabli et

---

1. Nous savons bien que cette autarcie des peuples n'est qu'une illusion et que, même dans les cas où la révolution semble le plus jaillir de la conscience populaire, l'homme de la foule reste, entre les mains de certains meneurs, un instrument aussi aveugle que le légionnaire romain qui se battait pour établir la dictature de Sylla ou de César. Il y a cependant cette différence : tandis qu'un César se bornait à *commander* à ses soldats de soutenir sa propre révolte, un démagogue *persuade* aux foules de se révolter pour leur salut, pour leur bien à elles, il feint de n'être que leur porte-parole et leur serviteur : son art consiste à leur donner l'illusion de mener le jeu révolutionnaire, — d'être cause première là où elles ne sont qu'instrument servile.

rajeuni, c'est-à-dire *après* la convulsion révolutionnaire, laquelle, considérée isolément, reste un mal.
C'est dire qu'une révolution ne porte des fruits
positifs qu'en mourant — qu'en cédant la place au
vieil équilibre qu'elle est venue rompre — tout
comme une fièvre dont les effets purifiants ne se
font sentir qu'après la mort de l'infection et le
retour de l'organisme à son rythme normal. L'expression « bienfaits d'une révolution » implique à
la fois la mort de cette révolution et la survie (au
moins dans ce qu'il a de conforme aux exigences
essentielles de la nature humaine) de l'état social
que cette révolution a voulu tuer.

Il est au contraire inhérent à un certain messianisme moderne de croire en la primauté, en l'autosuffisance, en la bonté absolue de l'esprit révolutionnaire. Le pur homme de gauche est tout prêt à
chercher les bases d'une politique *durable et constructive* dans des idéologies qui sont, par essence,
destructives et dont l'influence doit, sous peine de
mort, rester strictement transitoire. L'idolâtrie
révolutionnaire consiste à vouloir éterniser, comme
conforme au bien suprême de l'homme, un régime
de purgation et de désintégration, un état de crise
qui ne peut se justifier que par un prompt retour
de l'organisme social à son mode naturel de nutrition et d'échanges.

La preuve est faite par les plus ruineuses expériences que les mythes qui président à la marche
des révolutions (lutte et suppression des classes,

dictature du prolétariat, etc.) ne possèdent aucune force organisatrice, aucune vertu positive. Si ces utopies, dévorantes par elles-mêmes, portent parfois accidentellement de bons fruits, c'est en luttant et en *mourant* au service de leurs contraires, au service des vérités qu'elles nient : une inégalité mieux comprise entre les hommes, le gouvernement d'une élite régénérée, etc. — Ainsi, la Révolution française, voire la Révolution russe, pourront être appelées fécondes le jour où toutes les toxines qu'elles ont introduites dans l'économie sociale auront été éliminées et où l'esprit élargi et purifié de « l'ancien régime » aura succédé aux séquelles épuisantes de ces fièvres.

Comme toute erreur, toute aberration, — comme le mal en général, une poussée révolutionnaire, un bond à l'extrême gauche peuvent avoir une vertu purgative. Mais *non nutritive*. Le vrai révolutionnaire, celui qui croit en la valeur constructive et conservatrice de l'idéal égalitaire et démagogique et qui veut fonder un ordre stable sur cet idéal, ressemble à un médecin qui rêverait d'assurer la santé de ses clients en les nourrissant uniquement — de purgatifs ! L'idéal de la « révolution permanente » prêché par Lénine et les premiers bolchéviks est parfaitement conforme à cette folie : suprême extrait de l'illusion démocratique, il implique la poursuite contradictoire d'un ordre qui, loin de *succéder* au désordre, en serait la consolidation et l'épanouissement. Renié par Staline et encensé

par Gide, le mythe russe de la révolution permanente est le digne prolongement du mythe français
des « immortels principes ». L'un et l'autre reposent
sur la confusion de la fièvre et de la santé, et demandent à une maladie, camouflée en essence, de fournir les normes immuables, le fondement naturel de
la vie de la Cité.

La fonction normale des révolutions (j'allais dire
leur fonction idéale, car, ici-bas, ce qui est réel n'est
presque jamais normal !) consiste donc à purger et
à assainir un ordre politique plus ou moins caduc et
corrompu. Mais leurs résultats concrets et prati-
ques trahissent misérablement cette finalité supérieure. Il est historiquement acquis que les crises
révolutionnaires (lesquelles *devraient*, en soi, provoquer dans la Cité une réaction salutaire, point
de départ d'une nouvelle harmonie) finissent généralement très mal et cèdent la place en mourant à
un régime plus impur que le régime qu'elles ont
tué. Péguy parlait déjà « de révolutions plus mortes
que des trônes ».

La fièvre révolutionnaire peut conduire à une
santé plus parfaite. Mais à condition d'en guérir,
— et d'en guérir complètement ! Or, les sociétés
actuelles guérissent mal des révolutions : après la
crise d'anarchie aiguë et le retour à une santé apparente, elles demeurent imprégnées du virus révo-

lutionnaire ; l'infection s'installe en elle à l'état chronique et leur dernier état est pire que le premier. Ainsi pour la Révolution française. De Maistre voyait en elle avec raison un châtiment purificateur infligé par Dieu à des pouvoirs légitimes, mais dégénérés et pervertis. La crise passée, l'ancien régime devait se réveiller, rajeuni et fortifié. Seulement, cette saine ordination du mal a fait long feu. Après cent cinquante ans, les miasmes de 1789 continuent à corrompre le monde : la crise, grosse d'une résurrection, n'a enfanté que plus de marasme...

Cet avortement, au fond, n'a rien que de très logique. Les fruits des révolutions n'étonnent pas celui qui connaît la racine des révolutions. Voici un régime politique sain dans ses principes, mais corrompu dans ses représentants au pouvoir. En vertu même de la séparation des castes et de la rigueur de l'ordre établi, cette corruption reste en grande partie localisée dans les classes dirigeantes : elle est pour le peuple une source d'oppression plutôt que d'infection. Une révolution semble nécessaire pour assainir le régime. Fort bien. Mais ne raisonnons pas dans l'éther. Quelle fibre secrète les meneurs révolutionnaires devront-ils toucher et exploiter dans la conscience des peuples pour déclencher leur révolte destructrice ? La haine généreuse de la pourriture des gouvernants, la soif de la sainte justice sociale ? Allons donc ! Les hommes capables de *détruire* avec pureté sont rares comme le diamant. L'éternel levain des révolutions, c'est la soif, chez l'opprimé, de partager la corruption de l'oppresseur, de goûter à ce fruit véreux que son envie et son ignorance nimbent de délices. La qualité des mobiles révolutionnaires se reconnaît d'ailleurs aux résultats des révolutions *(a fructibus eorum...)* : celles-ci ne réussissent qu'à propager dans l'ensemble du corps social, qu'à généraliser une corruption primitivement *limitée en haut* par les solides cloisons de la hiérarchie et de la discipline. Amour, justice, vertu, — ces grandes choses n'existent pas ici dans leur densité, leur profondeur et leur réalisme ; elles servent surtout de pavillon et de masque. Dans une révolution, ce n'est pas la vertu qui se venge, c'est le vice qui essaime. Le résultat le plus clair de ces « colères sacrées des peuples », c'est la multiplication des convives au festin de la corruption.

L'histoire montre assez que les révolutions sont toujours précédées et conditionnées par une carence, une « démission » marquées des élites dirigeantes. Le mal part d'en haut et contamine le peuple. On a déjà beaucoup souligné ce point de vue. A mon gré, il est juste, mais insuffisant.

Il n'est pas vrai que la responsabilité première des révolutions remonte tout entière aux « péchés » de l'élite. Même sous les gouvernements les plus sains, il existe, dans l'âme des masses, une espèce de mentalité révolutionnaire latente. Il s'agit là d'un simple cas particulier de la grande loi qui veut que la matière résiste à la forme, l'inférieur au supérieur. Comme les sens, même chez l'homme le plus sain, conservent toujours un minimum d'indiscipline et d'excentricité à l'égard du gouvernement de l'esprit, de même il existe, à l'intérieur du corps social, une certaine opposition naturelle des masses à l'autorité. Et cette tension, d'ordre en quelque sorte métaphysique, se trouve aggravée et envenimée par la malice humaine. La corruption des dirigeants intensifie et fait exploser la haine et l'envie du peuple, elle ne les crée pas de toutes pièces ! Prétendre — conformément à la démolâtrie moderne — que les catastrophes sociales procèdent uniquement des fautes de l'autorité, que tout le mal vient d'en haut, c'est proclamer implicitement que tout ce qui est en bas est pur par essence, qu'il suffit d'être en bas pour être pur. Comme si les masses ne portaient en elles aucun désordre et ne pouvaient *recevoir* le mal que d'en haut ! Comme si l'autorité la plus saine ne devait pas, elle aussi, compter avec la révolte et l'envie ! Sans doute, le pharisaïsme du chef fouette la révolte du subordonné. Mais, à regarder de plus près, on constate qu'au fond le révolutionnaire a terriblement besoin du pharisien. Il est si heureux de trouver dans la corruption pharisaïque un *prétexte* pour poursuivre et blesser à mort une beauté et une grandeur qu'il envie sans les comprendre.

En réalité, le mal vient simultanément d'en haut et d'en bas, des chefs et du peuple. Les fils d'Adam ont ce triste privilège commun d'être cause première dans le mal. Je crois cependant à une responsabilité plus lourde des élites. Je m'explique. Si, dans toute unité, toute synthèse (biologique ou sociale), l'inférieur résiste dans une certaine mesure au supérieur, il est aussi foncièrement attiré par celui-ci. Ainsi pour le peuple : quelle que soit sa situation vis-à-vis de l'élite, il reste *toujours* soumis à son attraction. Si l'élite est saine, ce magnétisme qu'elle exerce sur le peuple corrige et surmonte dans l'ensemble les tendances anarchiques de ce dernier, et l'équilibre social subsiste. Mais si l'autorité est pourrie, la séduction qui émane d'elle gâte le peuple et, ce faisant, stimule en lui l'instinct anarchique, car toute corruption est, par nature, une révolte contre l'harmonie et l'unité. Alors, on assiste à ce monstrueux paradoxe, qui est comme le nœud psychologique des révolutions : l'influence du supérieur sur l'inférieur tournant à la ruine du tout ; on se trouve en face de peuples révoltés contre le *pouvoir* de leurs maîtres, mais envieux de leur *corruption*, et qui, ouverts à toutes les maladies de l'autorité, repoussent la nature de l'autorité.

On me reprochera peut-être de chercher trop bas dans l'homme les mobiles des révolutions et de ne

pas assez tenir compte de l'idéalisme révolutionnaire. Quelles que soient la puissance et les capacités de métamorphose et de sublimation d'un
sentiment comme l'envie (il y a un idéalisme et un
héroïsme de l'envieux), je ne prétends pas que cette
passion entre seule en jeu dans la genèse psychologique des révolutions. L'esprit révolutionnaire est
un complexe. Ce que je dis ailleurs sur la mentalité
du révolutionnaire et de « l'homme de gauche »
en général me dispense d'entrer ici dans de plus
amples détails.

Quoi qu'il en soit, chacun m'accordera que tout
vrai révolutionnaire est un homme que travaille
l'impatience de détruire. Cet impératif : « Il faut
tout changer ! » n'est pas devenu par hasard un
slogan démocratique.

Le révolutionnaire croit à la possibilité d'une
refonte de tout. « Détruisons tout cet édifice social
impur, clame sa foi, dussions-nous, pour reconstruire, partir du néant ! » — Hélas ! Dieu seul
peut repartir du néant. Et il ne le fait pas. Il préfère repartir chaque jour de la médiocrité et du
mal humains. Nul n'est plus que Dieu lent à
détruire ; Dieu se penche pour les sauver sur les
moindres reliquats d'être et de vérité qui subsis-
tent sous les scandales et les routines, ses mains
sont avares du feu du ciel. Il est une chose à laquelle
les chrétiens ne réfléchiront peut-être jamais assez :
un Dieu *tout-puissant*, créateur d'un monde si impur,
n'a jamais détruit ni recréé ce monde !

Mais les hommes impuissants ne redoutent pas de détruire. La parabole de l'ivraie et du bon grain n'est jamais rentrée dans des oreilles révolutionnaires. Les moindres tares de l'autorité et de l'ordre sont, pour certains amants de l'humanité, prétexte à désirer un bouleversement universel. Il est amèrement instructif de les observer : au nom d'un scandale à supprimer, d'une injustice à réparer, ils n'hésitent pas à trancher les racines millénaires de la vie sociale ; ils provoquent un cancer pour guérir une égratignure ! A les voir s'agiter ainsi à rebrousse-nature, on se demande si leur prétention de tout reconstruire n'est pas simplement le voile et le passeport de je ne sais quelle volupté d'anéantir, d'une sorte de haine orgueilleuse et lâche de la condition humaine ? Quand la mort a besoin d'un pseudonyme, elle choisit le mot de justice : la manière spécifiquement révolutionnaire de réaliser la justice, c'est de faire le vide dans les deux plateaux de la balance. — Lorsque M. Georges Bernanos se console de la catastrophe espagnole en faisant observer que la nature, à mesure que s'élève chaque génération, détruit la génération précédente au lieu de la reformer, cette assimilation de la destruction humaine à la destruction cosmique nous cause quelque anxiété. Des démons habitent l'homme, qui n'habitent pas la nature. Il faut n'avoir jamais senti ce que l'homme porte en lui de malice et de folie pour comparer les bouleversements sociaux aux cycles biologiques. Ce que la nature tue est digne de mourir ; la mort chez elle est réglée par les exigences de la vie. Mais, dans les grandes crises humaines, la soif de détruire acquiert une espèce d'autonomie infernale et se dégage de toute autre finalité ; elle balaie simultanément ce qui est caduc et ce qui est sain : la mort demande sa proie, non plus en tant que servante de la vie, mais en tant que reine du monde ! — Et puis, si les « révolutions » naturelles anéantissent les individus, elles respectent les espèces et laissent intactes les nécessités éternelles de la vie, tandis que les révolutions humaines s'attaquent surtout, à travers les personnes et les événements éphémères, aux fondements essentiels de l'existence et de l'ordre : plus que sur des *êtres vivants*, c'est sur la *vie* qu'elles s'acharnent ; derrière les hommes, elles mordent dans la nature de l'humanité. La destruction cosmique c'est, dans un fleuve, une vague qui pousse l'autre ; la destruction humaine, c'est l'empoisonnement de la source. La nature nie le passé pour assurer l'avenir ; elle sème les ruines comme un engrais. Mais la destruction révolutionnaire, en croyant nier le passé, nie en réalité la misère, les besoins *éternels* de l'homme. Et, par là, sa guerre contre le passé, au lieu de nourrir l'avenir, l'empoisonne. Ce qui blesse l'*essence* humaine ne peut pas servir le *progrès* humain.

Le spectacle de ces destructions aveugles et infécondes, de cette vanité dans le mal, est capable de créer, dans tout esprit sain, des réflexes fortement conservateurs. Il existe en effet — on ne soulignera jamais assez ce point — deux mentalités conservatrices très distinctes. L'une est celle des impuissants et des satisfaits : ce conservatisme de l'inertie est de beaucoup le plus répandu : on maintient ce qui est parce qu'on a perdu toute capacité de renouvellement et de construction ; faute de posséder la moindre vertu motrice, on divinise la vitesse acquise. Mais l'autre est la *sagesse* conservatrice — celle d'un Pascal par exemple. Elle ne méconnaît pas les tares de la tradition et de l'ordre établi, elle sait que bien des choses *devraient* être changées ; elle est simplement sceptique sur les possibilités créatrices de l'homme en général, et, en particulier, sur les résultats des crises parties d'en bas. La révolte de l'inférieur — de l'être fait pour être informé et dirigé par en haut — est parfaitement capable de détruire le supérieur, mais non de le *reformer*. C'est la plus vénéneuse illusion que d'espérer en un monde animé et ordonné par la victoire de l'informe, sauvé par en bas. Une seule révolution partie d'en bas a vraiment transfiguré l'humanité : le christianisme. Mais c'est qu'alors, sous le voile de l'être le plus bas, se cachait précisément l'être suprême ! Dieu n'est pas seulement descendu *sur* la terre, il s'est *enfoncé en* elle : dans cet enlisement de l'amour réside la « bassesse » du christianisme. Mais rien, en réalité, n'est plus haut que cette bassesse, et rien n'est plus opposé au mensonge révolutionnaire. Si Dieu daigne se servir des plus pauvres choses pour transformer nos destinées, de « ce qui n'est pas pour anéantir ce qui est », il ne s'ensuit pas que l'inférieur, livré à sa révolte et à son orgueil, soit par lui-même une fontaine de miracles. Le parfait révolutionnaire est celui qui, sans l'aide de Dieu, prétend renouveler les défis de Dieu à la nature.

S'il n'existait pas d'autre preuve de la divinité du christianisme que ce fait d'un mouvement « populaire » qui a donné au monde une forme à la fois nouvelle et suprême, celle-là me suffirait.

Ce qui m'inquiète dans l'idée démocratique, ce n'est pas le goût du changement et du progrès (la vie n'est que mouvement), c'est la foi en un progrès sorti d'en bas et dirigé par en bas, et, corrélativement, la révolte contre les principes mêmes de la vie et de l'harmonie sociales ; ce n'est pas que les masses désirent changer de guides, c'est qu'elles prétendent se guider elles-mêmes.

Qui oserait nier la noire exploitation de l'homme par l'homme, qui a si longtemps servi sous un voile conservateur et « bien pensant » ? Les revendications sociales des gens de gauche ont été trop souvent justes. C'est un devoir de désirer (à condition que cette *justice* soit *ajustée* à l'état concret de celui à qui on la rend) que le peuple, au banquet social, soit mieux servi. Mais il est monstrueux de lui apprendre *à se servir lui-même*, comme le fait l'excitation révolutionnaire sous toutes ses formes. Car, pour cela, il faut faire appel à la haine, à l'envie des masses, à toutes les forces de dissolution morale. Si le peuple obtient ainsi certains avantages matériels, il les achète au prix de la ruine de ses plus solides qualités sociales : sens de la discipline et de la collaboration organique entre les classes, amour ou tout au moins acceptation de sa destinée, etc. A chaque conquête extérieure correspond une déroute irréparable dans l'âme du combattant. A la limite, on conçoit une société où régneraient une sorte d'équilibre abstrait, une parfaite « justice » extérieure, mais où, à l'intérieur, toutes les vertus sociales seraient mortes. Une parfaite organisation collective, mais plus d'âme collective chez les individus, Alors ? Quel désert, quel enfer serait ce monde ? Afin de briser le joug qui pèse sur les épaules des masses, l'esprit révolutionnaire gorge leurs entrailles de poison...

Encore une fois, il ne s'agit pas de nier la responsabilité des élites dans la genèse des révolutions. Je me borne à constater que celles-ci, par le fait même qu'elles *doivent* naître de la démoralisation des masses, au lieu de purger l'élite, infectent l'ensemble de la nation. Ces fièvres annoncent fatalement la généralisation du mal : elles ressemblent, au premier abord, à une réaction contre l'égoïsme et les privilèges d'une caste ou d'une classe, elles ne sont en réalité que la lutte des masses intoxi-

quées pour étancher leur soif morbide des mêmes
privilèges, de la même démission égoïste à l'égard
des devoirs sociaux.

J'ai horreur des excès des oppresseurs. Et plus
encore de la revanche des opprimés. Mais le spectacle de ces deux abîmes, comme disait Joseph de
Maistre, ne doit pas susciter en nous une sorte de
désespoir politique. Il existe un chemin de crête
par où on échappe, en les dominant, à ces deux
gouffres opposés. C'est celui de la réforme — de la
révolution, si l'on veut — mue et dirigée par en
haut. Car une révolution peut venir d'en haut. Une
conversion est une révolution tout aussi profonde
dans son ordre que l'irruption d'un cancer. Lorsque
le pouvoir temporel manque à sa mission, il faut
qu'il soit averti et corrigé, non par l'anarchie des
peuples, mais par une autorité distincte de lui et
supérieure à lui — par une autorité *spirituelle*. De
Maistre, si lamentablement négligé aujourd'hui, a
magnifiquement précisé ce dernier point.

Prenons un exemple. Nous n'ignorons pas combien, appliquées à la vie sociale, les comparaisons
d'ordre biologique s'avèrent déficientes : elles n'en
restent pas moins les meilleures, et il est certain
que la profession médicale, si celui qui l'exerce
l'assume avec tout son être, constitue encore la
meilleure école de sagesse politique. On distingue
trois vies dans l'homme : celle de l'esprit, celle des
sens et la vie organique (végétative). Socialement (je
répète que cette analogie n'a pas d'autre ambition

que d'illustrer un fait), on peut comparer l'esprit au pouvoir spirituel, la sensibilité au pouvoir temporel, la vie organique aux masses. Voici maintenant un homme travaillé par les passions abusives, par les « excès de pouvoir » de sa sensualité, et qui se livre, par exemple, aux plaisirs immodérés de la table. Cet homme peut être « averti » de deux façons : soit par sa raison qui lui montre à la fois la faute qu'il commet et les dangers qui pèsent sur lui, si sa raison est muette ou s'il ne l'écoute pas, par une affection gastrique. S'il écoute le premier avertissement, il conservera sa santé au prix de très faibles sacrifices, mais, s'il attend le second, il n'arrivera, même en transigeant de la façon la plus servile avec ses entrailles révoltées, qu'à traîner longtemps, toujours peut-être, une misérable existence.

Ainsi en politique. Quand les classes dirigeantes, sourdes à la voix de leur devoir, sont averties par la révolte des peuples, c'est que la corruption s'est infiltrée jusque dans les ultimes profondeurs de l'organisme social : l'avertissement part de la lisière du néant !

Comme une dyspeptique qui immole chaque jour sa gourmandise aux exigences douloureuses de son estomac, ainsi les vieilles élites déchues, mais encore cramponnées au pouvoir et à la fortune, essaient de calmer et de séduire par des concessions un peuple infecté de l'esprit révolutionnaire. Mais chaque concession ne peut qu'affaiblir un peu plus celui qui la fait et qu'affamer davantage celui qui l'obtient. Dans une société sainement hiérarchisée, les moindres *dons* de l'élite au peuple sont féconds et cimentent l'unité collective ; en climat révolutionnaire, les plus ruineuses concessions, les réformes les plus démagogiques n'aboutissent qu'à élargir le fossé entre l'élite et le peuple. En effet, plus une réforme consacre l'affranchissement matériel ou moral des classes inférieures, plus le pouvoir d'où elle émane doit être puissant et respecté. Sinon, tous les « bienfaits » accordés au peuple ne servent qu'à nourrir sa fièvre revendicatrice. Ce n'est pas sans raison qu'on a pu dire aux chefs de tout ordre : « Dans la mesure où ta *justice* accorde leur *droit* à tes inférieurs et à tes subordonnés, il faut que ta *force* puisse résister à leurs *prétentions*. Ne perds jamais de vue ce double devoir : toutes les fois que tu accordes aujourd'hui ce qui est juste, songe que tu auras peut-être à refuser demain ce qui est injuste. Que ta force soit assez douce pour se faire aimer, mais que ta faiblesse ne soit jamais assez lâche pour se laisser exploiter... »

C'est le rôle de l'autorité spirituelle de crier aux chefs temporels : Donnez quelque chose aujourd'hui, afin de n'être pas obligés de *tout* concéder demain, et en vain ! — Je prends ce terme d'autorité spirituelle dans un sens très étendu. Il désigne pour moi, non seulement l'autorité ecclésiastique proprement dite, mais toute l'élite intellectuelle des peuples. Le prêtre et le penseur sont placés entre Dieu et les chefs temporels : leur mission consiste à éclairer et à reprendre d'en haut les rois et les maîtres, — à remédier aux défaillances du pouvoir sans faire courir à la société le risque effrayant, le risque *foncier* des révolutions. On songe aujourd'hui avec mélancolie à ce que furent, en face des peuples et des rois, des hommes comme les Pères de l'Église dans l'antiquité, comme More en Angleterre, Bossuet en France et tous les grands penseurs chrétiens de tous les pays et de tous les temps. Ces hommes savaient prêcher simultanément, aux chefs l'obéissance à leur Dieu, aux peuples l'obéissance à leurs chefs. Ils savaient reprendre avec énergie, avec héroïsme même, l'autorité temporelle, mais d'en haut seulement, et sans la moindre complicité avec le désordre révolutionnaire ; ils eussent eu horreur de pactiser, fût-ce pour balayer les pires excès du pouvoir, avec la rancœur aveugle des masses. De tels éclaireurs existent rarement (et plus rarement encore ils sont écoutés), de sorte que ce qui avertit les élites de leur défaillance c'est moins souvent le tocsin d'une autorité spirituelle que le glas de la nation pourrie...

Et ceci nous amène à nous attarder un peu sur le problème déjà rebattu de la « trahison des clercs ». Pour ceux qui, ici-bas, représentent l'esprit, il est deux façons de trahir leur mission sociale, de briser l'unité divine qu'ils ont charge d'annoncer aux hommes, de se placer entre les chefs et les masses, non plus comme un lien vivant, mais comme un coin séparateur. La première est celle de ceux qui se rendent esclaves des classes dirigeantes, ferment les yeux sur leurs excès ou les légitiment et confondent ainsi avec Dieu les puissances du siècle. Mais la seconde, plus hypocrite et plus pernicieuse encore, consiste à cultiver, sous prétexte d'amour et de justice, l'ambition désordonnée des foules, à se faire une idole des forces d'en bas, à mettre au service de la folie de Caliban une apparence de raison. Si le passé de l'humanité nous offre trop souvent le spectacle de la collusion d'une oligarchie tyrannique et de la pensée, le monde contemporain est marqué du signe fatal de l'asservissement du monde intellectuel à une nouvelle tyrannie qui monte d'en bas, de la prostitution de l'esprit à la révolte des masses (qu'on songe à la foi de tant d'intellectuels en la toute-puissance, en la toute-sagesse des foules, à cette platitude adorante qui les fait se vanter d'être, non leurs guides, mais leurs humbles porte-voix). Le devoir des forces spirituelles, c'est de *porter* Dieu aux grands et aux masses ; leur péché, c'est de *chercher* Dieu tantôt dans les grands, tantôt dans les masses. Dans les deux cas (mais d'une façon incomparablement plus rapide et plus générale dans le second), l'esprit — qui est à la fois le ciment le plus liant et le solvant le plus actif — travaille à disjoindre ce que Dieu le charge d'unir.

Résumons-nous. Toute cette critique de l'idéal révolutionnaire ne tend pas à nier la notion de progrès social. Nous n'avons pas le culte des vieux régimes autoritaires. Ce que nous regrettons en eux, c'est leur santé profonde, et non leurs imperfections et leurs excès. Quand nous évoquons, par exemple, une époque comme le Moyen Age, nous sommes immédiatement frappés par le spectacle d'une multitude de maux criards et scandaleux (guerres, famines, oppression, etc.). Mais nous voyons très mal quel ordre intime et substantiel se cachait sous cette enveloppe chaotique. On peut avoir un corps sain en dépit de violents et de multiples malaises. Et l'on peut aussi agoniser dans une sorte d'euphorie menteuse...

Il eût fallu traiter *sagement* les maux des vieilles sociétés. Ce que nous reprochons à tout « progrès » de type scientiste ou révolutionnaire (ce qui, au fond, est la même chose), c'est d'infecter les profondeurs de l'organisme social sous prétexte de guérir une plaie cutanée. On supprime le mal à la surface, — en réalité *on l'enfonce ;* on le rend inapparent (au moins pour un temps), mais combien plus substantiel ! Rivés à l'immédiat et au partiel, dépourvus de cette raison supérieure qui fait remonter jusqu'aux causes d'un mal et redescendre jusqu'aux conséquences d'une réforme, et condamnés par là à n'user que des palliatifs ou des remèdes les plus hasardeux, les promoteurs d'un tel progrès n'aboutissent qu'à faire subir aux maux qu'ils attaquent d'aggravantes métastases.

Nous avons soif d'un progrès qui ne s'achète pas trop cher, c'est-à-dire qui parte d'en haut, — d'une élite saine assumant la raison et l'autorité, et non pas d'en bas, — des masses et de leur révolte négatrice. On pense à ce que pourrait être une société où l'autorité spirituelle, en éclairant et en guidant un gouvernement temporel solide et libre, ouvrirait la voie aux réformes, sans que les masses aient besoin de sortir de leur orbite naturelle, de se révolter et de se corrompre, sans que les pieds du corps social prennent la *tête* du mouvement révolutionnaire. Nous avons soif d'un progrès qui ne s'abatte pas sur l'homme à la façon du pavé de l'ours. Et ce que nous déplorons, c'est que précisément, depuis un siècle, l'ours seul semble préposé au progrès ! Les *masses* brandissent contre les excès relatifs d'un ordre social sclérosé la *massue* d'un progrès qui menace d'écraser l'homme jusque dans son centre.

Nous avons exprimé ailleurs notre pensée sur la nature et les limites du pouvoir et de l'autonomie qui doivent être accordés au peuple. Nous ne prétendons pas exclure les masses de la poursuite active du progrès et faire d'elles des instruments parfaitement aveugles entre les mains de l'autorité. Nous affirmons seulement que le progrès doit être fait, non de leur révolte, mais de leur collaboration, et que leur rôle sans cesser d'être actif, doit rester subordonné. Ce n'est pas n'être rien que de ne pas être tout. La part de la charrue, dans l'œuvre du labour, n'est pas négligeable. Mais si l'on place la charrue avant les bœufs, elle ne remplit plus sa fonction, et elle empêche les bœufs de remplir la leur. Or, tout l'esprit révolutionnaire est animé par cette folie. C'est un dogme socialiste que les classes inférieures ne doivent rien attendre que d'elles-mêmes, autrement dit que le progrès ne *peut* partir que d'en bas : « l'émancipation des travailleurs sera l'œuvre des travailleurs eux-mêmes ». Mais la partie séparée du tout et qui cherche son salut dans sa révolte, en scindant le tout, se tue elle-même.

L'astre était sans orgueil et le ver sans envie, écrit Victor Hugo en parlant de l'harmonie édénique. Ce vers exprime merveilleusement ce que devraient être les échanges entre les divers organismes sociaux : l'inférieur exhaussé vers le supérieur, non pour détruire, mais pour *recevoir*, et le supérieur incliné sur l'inférieur pour *donner*, et non pour opprimer. L'identité réside ici, non dans la situation, mais dans l'aspiration, la tendance. C'est une identité de *convergence* fondée sur l'amour du même Dieu, et non pas cette monstrueuse identité de *nature* à laquelle tend nécessairement l'égalitarisme socialiste, et qui ne peut se réaliser qu'au prix de la ruine de la nature. Au reste, le principe

de l'unité de la société humaine réside au-dessus
de celle-ci, de sorte qu'en climat athée, c'est toujours la confusion et la mort qu'on poursuit sous
le nom de l'unité.

PERSONNALISME

Plus de traditions, plus de cadres ! Plus que des personnes ! La personne est aujourd'hui le pivot de tout. On épouse par exemple la personne de son choix, sans tenir le moindre compte du milieu ou de la situation, un régime politique s'incarne dans un homme et meurt avec lui, etc. Tout cela mène loin : à la fin de toutes les grandes continuités sociales, à l'instabilité universelle. La personne humaine n'est pas un absolu. Jadis on aimait les hommes à travers les institutions : le mariage pesait plus, dans l'âme de telle épouse du grand siècle, que la personne de son mari, on tolérait le roi par respect pour la monarchie, etc. Maintenant, ce n'est plus qu'à travers une personne idolâtrée qu'on supporte les institutions ; on considère les cadres comme choses abstraites et mortes. Mais ils ne l'ont pas toujours été : ils le sont devenus à mesure que montait le culte de la personne. Impersonnel n'est pas nécessairement synonyme de mort et d'abstrait ; ce qui n'est pas une personne peut être aussi concret et vivant. Et les cadres qui portent, défendent et dépassent les personnes peuvent aussi être aimés avec chaleur ! Et puis, derrière ces cadres, il y a la personne de Dieu — la seule qu'on puisse adorer sans péril — qui garantit et vivifie tout...

La tendance de certains « personnalistes » modernes, qui voudraient rejeter comme purement artificiel et décoratif tout ce qui n'est pas personnel, me laisse anxieux. Immoler les personnes aux cadres (c'est là le danger de tous les climats forts et classiques) n'est pas un bien, immoler les cadres aux personnes me paraît pire : d'une part on stérilise, de l'autre on pourrit. Encore quelques progrès de cette religion de la personne, et nous n'aurons plus de « bonnes maisons », de patrie, d'esprit de corps ou de caste — *plus de racines dans le temps et dans l'espace.* N'allons pas trop loin dans nos revendications en faveur de la personne humaine : elle est relative, éphémère, décevante et gorgée souvent de l'impersonnel le plus vain. Je ne crois qu'au personnalisme divin !

Le primat outré de la personne entraîne un autre danger capital. Voici des royalistes qui n'aiment la monarchie qu'à travers le visage d'un prince qui les a séduits, des catholiques qui lient la foi en l'autorité pontificale à une sorte de culte enfantin de la personne du pape, des peuples entiers que soulève l'engouement pour un dictateur... Les choses les plus universelles sont devenues des « questions de personnes », des « affaires privées ». On n'a plus

d'yeux et de cœur que pour les individus. Ils portent à eux seuls tout le poids des institutions.
Celles-ci s'édifient et s'éboulent avec eux. Ce personnalisme stupide est une des causes des catastrophes révolutionnaires des temps modernes : à
mesure que le peuple s'habitue à confondre la personne des grands avec le principe éternel qu'ils
représentent, sa rancœur à leur égard tend à se
transformer en volonté de destruction universelle.
Le passé savait distinguer les institutions des personnes : on pouvait mépriser un roi ou un pape (le
Moyen Age ne s'en est pas privé !) sans mettre en
question le moins du monde le principe de la
monarchie ou de la papauté[1]. On savait qu'une institution saine — une institution venue de Dieu —
restait féconde, même à travers l'homme le plus
imparfait. Les chefs politiques et religieux étaient
alors comme des traits d'union entre Dieu et les
hommes : on attachait plus d'importance à ce
qu'ils transmettaient qu'à ce qu'ils étaient. L'autel
soutenait le prêtre, le trône le roi. Aujourd'hui on
demande au roi de porter le trône, au prêtre de
porter l'autel. Les institutions ne se justifient aux
yeux des foules qu'à travers le génie ou le magnétisme de quelques individus. Cette exigence entraîne

---

1. Les invectives d'une Catherine de Sienne contre le clergé
de son époque ne seraient plus tolérables aujourd'hui : elles
compromettraient dans les âmes la foi en l'Église. Si pénible
que cela paraisse, le soin des institutions commande aujour-
d'hui le ménagement des personnes et l'étouffement des scandales.

deux conséquences ruineuses : elle impose aux
malheureux « suppôts » des institutions un degré
de tension et d'activité proprement inhumain, et,
corrélativement, elle lie le sort des institutions aux
misérables hasards individuels. Pitoyable anthropo-
centrisme qui confond le canal avec la source et
qui tend à faire de la personne humaine le support
absolu de ce qui, en réalité, ne fait que *passer* par
l'homme et *repose* sur Dieu seul...

OPPRESSION ET CORRUPTION

Le « génie » des institutions sociales a oscillé jusqu'ici entre ces deux pôles, et toujours penché vers l'un ou vers l'autre. Aujourd'hui où les mots de justice et de liberté sont devenus de simples *prétextes* au service de la corruption montante, il serait bon que chacun « réalisât » dans sa pensée la différence qui existe entre un peuple opprimé et un peuple corrompu. Certaines lois peuvent être iniques, tyranniques même, et nullement corruptrices : je ne vois pas en quoi, par exemple, les dures pénalités médiévales appliquées aux délits de chasse des roturiers pouvaient altérer la santé de l'âme du peuple. *D'autres lois, au contraire, peuvent être justes et généreuses dans leur principe et monstrueusement dissolvantes dans leurs conséquences : aujourd'hui, cela risque d'être le cas des lois d'assistance sociale.* Si amer que cela paraisse, il est acquis que très souvent, on n'arrache l'homme à l'oppression que pour le livrer à la corruption.

Ceci n'est pas une apologie des régimes oppressifs. Je me borne à mettre en relief la nécessité d'adapter toute réforme sociale, non seulement à la justice en soi, ou aux désirs et aux revendications des intéressés, mais aussi et surtout au « génie », aux habitus profonds, aux possibilités vitales du milieu social auquel s'applique cette réforme. Il arrive que les qualités les plus solides d'une caste ou d'une race naissent, s'organisent et se stabilisent sous la pression d'un état social plus ou moins « injuste » et se trouvent liées à celui-ci par une sorte de solidarité symbiotique. Dans de tels cas, une réforme brutale de type humanitaire, « émancipateur », risque fort de créer, dans l'âme de ces opprimés séculaires, un vide organique, un appel d'air qui aspire et dissipe les réserves de force et d'équilibre intérieurs, — de vertu, au sens biologique et moral du mot. L'âme des peuples se conserve relativement en climat rigoureux : la plonger — sans précaution, sans transition — dans une atmosphère plus clémente, c'est fouetter de l'extérieur le germe de décomposition qu'elle porte en elle.

Les libertés et les droits que les démocraties reconnaissent à l'homme ne peuvent être inoffensifs et féconds que dans un climat social *vitalement* chrétien. Il ne sert de rien d'essayer de coller des ailes à l'homme si l'on n'est pas capable de créer en lui une *nature ailée*, une âme céleste d'oiseau. La chute d'Icare est le dénouement de ce songe...

J'ai distingué, un peu idéalement peut-être, les régimes oppressifs des régimes corrupteurs. A la vérité, ces deux excès ne peuvent pas exister long-

temps l'un sans l'autre. Tout régime fondé sur
l'oppression entraîne fatalement une certaine corruption des mœurs : il n'est pas sain pour l'homme
d'être opprimé (les tyrannies de type « asiatique »
avilissent profondément l'âme des peuples). Mais
la réciproque — et c'est ici que je veux insister —
est plus vraie encore : si la tyrannie ne va pas sans
une corruption relative, les régimes fondés sur la
corruption aboutissent, eux, à la tyrannie la plus
universelle, la plus absolue. L'humanité est menacée de se voir plongée dans le climat politique à la
fois le plus rigoureux et le plus corrupteur.

Expliquons-nous. La corruption démagogique
ruine dans l'homme le sens social. D'une part, en
confiant presque uniquement à l'État-abstraction
le soin de conduire et d'assister les citoyens, elle
tarit à la fois en eux le courant de l'initiative personnelle et le besoin du vrai prochain (suppression
de l'entr'aide issue de la famille, de la caste, de
« l'Église », de tout le milieu immédiat et organique
de l'individu) et, par là, elle abolit la possibilité de
profondes communions vitales ; d'autre part, en
ouvrant aux désirs des prolétaires des éventualités
indéterminées d'assistance, elle développe les pires
instincts parasitaires, elle cultive et stabilise en
habitudes les réactions anti-sociales. Rien n'isole
l'homme comme de dépendre uniquement de l'État,
ce « monstre froid ». Qu'il le veuille ou non, le socialisme actuel, par la force même de l'état d'âme
qu'il doit entretenir dans les foules pour vivre et

triompher, aboutit à cette monstruosité : *la généralisation des privilèges*. Tous exploiteurs !

La conclusion se devine. Quand la société se **voit** perdue, une réaction terriblement inhumaine se produit. La tyrannie la plus effrayante sort automatiquement de la démagogie. Et pour cause ! Si l'État veut vivre encore, il doit suppléer, par la seule contrainte extérieure, l'équilibre qui résultait partiellement autrefois de la présence d'une « âme collective », d'un instinct social. *Le régime a d'autant plus besoin d'être inhumain qu'il a plus sapé, pour s'établir, le sens de la responsabilité personnelle et de la résignation sociale, qui est la base vivante de toute communauté humaine.* Aux liens intimes et spontanés qui unissent organiquement l'homme à son semblable, et qu'on a détruits, on substitue, pour assurer l'existence de la cité, **les chaînes du bagne**.

*
* *

La corruption a beau se parer du masque de la délivrance et de l'émancipation des peuples, elle se résout, comme on le voit, en une quintessence de servitude.

On ne soulignera jamais assez ce double caractère négatif des mythes révolutionnaires : ils sont simultanément épuisants et toxiques. Ils sucent le sang des nations et, en même temps, ils sécrètent un poison qui pourrit le sang qui reste. Ici, le problème s'élargit. Des tyrans jadis ont pu vampiriser le peuple sans le corrompre profondément : leur oppression suscitait une résignation saine ou une révolte saine. C'est que leur tyrannie était celle d'un homme, d'un être vivant et concret : si excessive qu'elle fût, elle restait dans la ligne des excès *naturels* (elle ne supprimait ni le sens de la hiérarchie, ni celui d'une tradition nourricière, ni cet instinct fait de résignation et d'amour, qui lie l'homme à sa fonction, à son groupe, à sa destinée). Un homme vivant écrasait des hommes vivants : c'était atroce certes, mais d'une atrocité humaine ! Au lieu que les mythes modernes (mythe capitaliste du chiffre : exploitation sauvage des hommes au profit de comptes et de bilans, ou mythe socialiste de l'égalité) ne se bornent pas à sucer les peuples mieux qu'aucun tyran : ils gâtent, en introduisant dans l'âme des masses des révoltes et des appétits extra-naturels, les réserves de santé sociale qui dorment dans cette âme. Le mythe de l'homme collectif — cet idéal d'un état totalitaire où le fonctionnaire résorberait le citoyen et dont certaines institutions actuelles (lois d'assistance sociale, nationalisation des industries, etc.), essaient de préparer l'avènement — ruine certes matériellement l'État. Mais, ce qui est plus grave, il enlève aux hommes, avec la richesse matérielle, le sens *intérieur*, le sens spirituel de la vie sociale : en même temps qu'il tire le sang, il fausse le rythme du cœur, — il arrache au peuple le pain de la bouche et lui pervertit

simultanément le goût. Conçoit-on cette monstruosité, cette suprême malédiction sociale : *un
vampire venimeux ?*

***

L'oppression et l'exploitation des hommes revêtent en effet plusieurs formes très différentes en
qualité et en gravité.

Tant qu'un homme n'exploite ses semblables que
pour se procurer des biens humains, des biens *réels*
(loisirs, luxe dans l'alimentation ou le logement,
etc.), l'exploitation, sauf exception rare, reste
limitée en rigueur et en étendue : ce fut le cas de
l'esclavage dans la société athénienne ou la Rome
républicaine, du servage dans la féodalité française,
etc. J'appelle cela *l'excès naturel :* il y a des limites
à la consommation d'un individu, et d'ailleurs, le
luxe des privilèges constitue une cause de travail
et de bien-être pour une partie de la multitude. Le
tableau s'assombrit quand l'homme exploite son
semblable, non plus seulement pour satisfaire ses
appétits individuels, mais au profit de mythes, de
choses abstraites. Et je ne parle pas ici de mythes
vivants et sains (idéals de puissances féodale,
nationale ou religieuse avec les guerres et les sacrifices qu'ils entraînent), car ces mythes nourrissent,
unissent, réchauffent les hommes et leur rendent
en richesses intérieures les biens matériels qu'ils
leur ravissent. L'exploitation malsaine, mon-

strueuse, commence lorsque l'homme exploite l'homme au profit d'une chose irréelle, d'un signe mort, d'un fantôme auquel collent son avarice et son orgueil dénaturés. Ces abstractions-là ont des estomacs sans limites. On a vu cela dans l'âge d'or du capitalisme : l'homme immolant l'homme — et des masses effrayantes d'hommes, car une abstraction, je le répète, n'est jamais repue — non plus à l'argent-substrat organique des échanges et du bien-être ou corollaire d'une puissance saine, mais à l'argent-chiffre, à l'argent-signe, à l'argent-fantôme. On le voit surtout dans l'Allemagne hitlérienne et dans la Russie marxiste, où l'irréalisme épuisant du capitalisme atteint, sous le nom de socialisme, son maximum de nocivité, et où une image irréalisable de l'homme tarit et désaxe, économiquement *et* moralement la foule vivante des hommes...

La révolte malsaine des masses naît lorsque les élites cessent de jouer dans la cité un rôle organique et de rendre aux âmes, par leur appui et leur prestige concrets, l'équivalent (ou au delà) de ce qu'elles prennent aux corps en biens matériels (à l'exemple du prêtre, du seigneur, du monarque...), — *lorsque le peuple se sent parasité sans compensation, immolé à un monstre sans entrailles.* On a reconnu là le capitalisme libéral du XIXe siècle. Seulement, ce monstre d'un profit sans âme, sans responsabilité profonde, d'un profit en somme facile et accessible à tous, exerce sur l'esprit des exploités, une séduction dissolvante. Et la révolte de ces derniers est malsaine parce que (en vertu de l'éternelle loi qui veut que les masses calquent leur état d'âme sur celui des classes dirigeantes) elle est orientée foncièrement — quels que soient les masques dont elle se pare — non pas vers la suppression, mais vers la généralisation du parasitisme. Les éléments parasités du corps social ne haïssent leur parasite que dans la mesure où ils l'envient. Au terme de cette révolution (ou plutôt de cette *évolution*), on a le collectivisme étatique où le parasitisme capitaliste trouve, en apparence sa ruine, en fait sa plus haute expression : l'homme est dévoré *corps et âme* par un fantôme étranger à la nature humaine et par là même insatiable de sang humain.

Ainsi se réalise la synthèse de l'oppression et de la corruption ; la vie est dure et elle est en même temps malsaine. Pour faire la révolution, on a tari la santé spirituelle du peuple, et rien ne compense plus maintenant la rigueur matérielle de l'existence. Le joug à l'extérieur, le poison à l'intérieur. Le reflet, le commencement de l'enfer sur la terre...

LA MORALE ET LA VIE

Chaque époque a ses niaiseries pseudo-révolutionnaires, ses innovations mort-nées qui font l'ébahissement et le rire de l'époque suivante. Comment ont-*ils* pu croire cela ? disons-nous par exemple aujourd'hui, en songeant à la foi en la démocratie et au progrès des grands hommes du XIXe siècle. Je crois bien que l'immoralisme de nos contemporains fera sourire de la même façon les hommes futurs.

Il est d'usage d'accabler la morale, soit par l'invective, soit par la plaisanterie. On voit en elle une chose factice, superficielle et morte, adaptée à l'homme à la façon d'une camisole de force ou d'un masque. Une des règles du jeu littéraire et psychologique de notre temps, c'est d'opposer la « morale » à la « vie ». Cette dichotomie, je le répète, amusera nos enfants...

Les hommes « moraux », en général, ne sont pas vivants. C'est de cette constatation qu'est partie sans doute la croisade contre la morale. Fort bien. Mais que n'a-t-on pas dévitalisé aujourd'hui ? A dans sa conduite, très noble dans son idéal de justice universelle, et qui, par faiblesse, par lâcheté inconsciente et spontanée devant la vie, s'abstient volontairement d'avoir des enfants. La morale de cet homme peut être plus pure que celle du premier ; ses mœurs n'en sont pas moins corrompues.

Il y a, dans tout acte humain, un côté physique (je prends ce mot dans le sens très large d'ontologique) et un côté moral. Un acte moralement mauvais peut être physiquement bon, en d'autres termes, il peut reposer sur de saines bases vitales, être l'expression d'une pureté, d'une spontanéité naturelle, etc. Ainsi, tel exercice illicite de la sexualité, tel mouvement de violence aboutissant à un meurtre, etc., peuvent procéder de facultés parfaitement saines dans leur ordre : le désordre réside seulement ici dans l'illégitimité morale et sociale de ces actes. Inversement, un acte moralement pur peut être physiquement impur. L'homme dévitalisé dont j'ai parlé plus haut peut, pour des raisons morales, se décider à avoir des enfants : sa conduite alors sera très noble, peut-être héroïque : elle manquera tout de même de saines bases naturelles, elle n'aura pas de vraies racines dans la nécessité.

Cette distinction entre la moralité et les mœurs nous permettra de comparer sainement l'état présent et l'état passé de l'humanité. Quand les conservateurs, les *laudatores temporis acti* gémissent sur la décadence morale des hommes, les partisans du « progrès » ne manquent pas de leur rappeler les ombres terribles du passé, ce long cortège de cruautés, d'exactions, de débauches qui se déroule à travers les siècles défunts. Conclusion : mieux vaut encore vivre aujourd'hui, les hommes sont plus justes et plus doux. Distinguons. Si nous comparons des époques comme le Moyen Age à la période actuelle, nous arrivons à cette conclusion : du point de vue des mœurs, l'humanité est en pleine décadence ; du point de vue de la moralité (du moins en tant que disposition émotive et qu'idéal universel), elle est certainement en progrès.

Nos ancêtres avaient moins de morale que nous, ils avaient plus de mœurs ; nous avons plus de morale et moins de mœurs. Il n'est pas utile d'ailleurs de remonter au Moyen Age pour établir cette comparaison. Les paysans d'il y a cent ans étaient dans l'ensemble plus durs, plus retors, plus mesquins et plus processifs que les paysans d'aujourd'hui ; ils étaient moins ouverts à la morale et à l'amour qui en est la base. Leurs petits-fils ont le cœur plus sensible et l'esprit plus large ; les disputes, les procès, les tromperies sont plus rares au village. Mais ces vieux paysans possédaient, malgré l'étroitesse presque « immorale » de leur âme, un profond capital de traditions religieuses et familiales et de sagesse instinctive : leurs enfants ont dilapidé ce capital. Ils faisaient corps, personnellement et héréditairement, avec la terre qu'ils cultivaient et jouaient ainsi un rôle organique dans la cité : leurs enfants, détachés du sol natal, n'aspirent qu'à devenir des fonctionnaires anonymes et parasites. Ils étaient parfois brutaux avec leurs enfants, *mais ils en avaient :* leurs fils entourent les leurs de plus de tendresse et de plus de soins, mais ils n'en ont presque plus. Pis encore — et cela permet de mesurer l'ampleur monstrueuse du divorce entre la sensibilité morale et les mœurs profondes — c'est précisément dans ce pays de France où la plupart des hommes sont devenus si doux, si humains et, en particulier, si tendres pour leurs enfants et si incapables de les voir souffrir qu'on compte au bas mot 500.000 avortements par année, c'est-à-dire 500.000 enfants assassinés ! D'une part on gâte les enfants, de l'autre on les tue : c'est la même main qui massacre les innocents et qui les pourrit de caresses. Il faut que les uns meurent pour que les autres soient plus choyés et plus adorés : on fait des sacrifices humains à ces petits dieux ! J'ai connu une personne qui avait tué quatre enfants dans son sein (non par malice, mais par faiblesse, par manque d'instincts solides et d'encadrement social) et qui trouvait monstrueux qu'on pût frapper un enfant pour le corriger... Cet écart entre la sensibilité affective et les mœurs profondes, c'est la distance entre l'enfant assassiné et l'enfant gâté qui nous en fournit la mesure.

Parce qu'elle n'est pas incarnée dans de saines

mœurs, cette moralité reste essentiellement affectée d'impuissance. Faite d'intellectualisme abstrait et d'émotivité superficielle (n'est-ce pas Rousseau qui avait voulu jeter les bases d'une *morale sensitive ?*), elle ne va pas au delà de la sensation immédiate ou de l'idéal inaccessible. Elle est à la fois terriblement presbyte et terriblement myope : elle regarde d'un œil une étoile chimérique qui ne descendra jamais sur la terre, et de l'autre — de celui qui dirige l'action concrète — elle ne voit que le fruit qui se peut cueillir aujourd'hui. Les hommes possédaient jadis de profonds instincts biologiques et collectifs qui leur faisaient servir à leur insu le bien de l'espèce et le bien de la cité, ils voyaient loin sans en avoir conscience, et leur humble effort personnel, capté par une finalité supérieure à laquelle il s'adaptait spontanément, contribuait à l'édification harmonieuse de la société et de l'avenir. Le grand bienfait des mœurs saines, c'est de rendre faciles et naturelles des choses très difficiles pour la moralité pure de l'individu isolé. Or, la décadence des mœurs a isolé, atomisé les individus. Il faudrait aujourd'hui que chaque homme suppléât, par sa volonté défaillante, par sa sensibilité fugace, aux souffles profonds issus de l'âme animale et de l'âme collective. Cela n'est possible qu'à quelques grandes âmes. Les autres versent fatalement dans le culte exclusif de l'intérêt ou de l'amour *sensibles et immédiats*. L'homme atomisé a horreur de tout ce qui est pénible et surtout de tout ce qui est lointain. On n'a pas d'enfants : le possible qu'on tue ne se sent pas, mais le repos qu'on se procure se sent très bien ; on ne corrige pas ceux qu'on a : le bien qu'on leur ferait ainsi est trop lointain, il n'est pas sensible, mais leurs larmes et leurs caresses le sont... Les jeunes paysans se ruent en masse vers le fonctionnarisme : comment la vision d'un lointain désastre collectif pourrait-elle balancer en eux l'attrait d'une sécurité immédiate ? Est-ce les instincts et les institutions, ou bien la « conscience » des individus qui retenaient leurs ancêtres à la terre ?

Cette religion de la facilité issue de l'épuisement des mœurs a donné aussi des résultats positifs. Elle a fait se développer des vertus qui, quoique nourries de faiblesse, ne se confondent pas avec la faiblesse. Les hommes sont trop « sensibilisés », ils ont trop besoin de l'aide et de l'estime de leurs semblables[1] pour ne pas répudier spontanément les actes d'égoïsme ou de haine qui exigent une trop grande dépense de forces. Dans nos campagnes, par exemple, les procès n'existent presque plus, nul ne poursuit plus de vengeances à longue échéance, et les gens, qui s'envient et se calom-

---

1. Ceci n'est pas un paradoxe : ils ont besoin de leurs semblables dans la mesure où ils en sont effectivement séparés. C'est celui qui porte en lui la plus profonde réserve « d'âme collective » qui est le plus capable de vivre à l'écart de ses semblables et de lutter contre eux. Nos ancêtres étaient mieux outillés que nous par la nature pour une certaine profondeur et une certaine ténacité dans le mal spécifiquement moral.

nient plus que jamais, ne se disputent plus en face. Même dans le mal, on ne sait plus risquer et prendre sur soi.

Du point de vue strictement moral, la décadence des mœurs ne rend les hommes ni meilleurs ni pires : elle tend seulement à supprimer les manifestations *lointaines et difficiles* de l'égoïsme et de l'amour.

Ce que j'appelle ici mœurs (ces mœurs dont je dénonce la régression), c'est en somme, la morale vécue plutôt que représentée, la morale fondue dans la nécessité physique, c'est, dans l'ordre du sentiment et de l'action, un « don » aussi gratuit et aussi naturel que la santé dans l'ordre du corps et comme une espèce de prolongement de cette dernière (on conçoit que cette « santé », portant sur des comportements très simples, à finalité généralement extra-personnelle et visant à assurer la continuité familiale et sociale, puisse laisser place, dans l'ordre des superstructures individuelles, à beaucoup d'immoralités : ainsi s'expliquent les « péchés » de tant de gens biologiquement et socialement sains). Ce que j'appelle morale (cette morale dont je signale les progrès), c'est la morale représentée et sentie plutôt que vécue et réalisée, la morale source d'émotion et d'idéal plutôt que d'action (on conçoit aussi que cette morale puisse coexister avec une profonde décomposition des substructures affectives). Le caractère de Jean-Jacques Rousseau nous offre un exemple magnifique de ce mélange de moralisme exaspéré et de mœurs pourries. A la naissance de chacun de ses enfants, il repasse dans sa pensée et dans son cœur « les lois de la nature, de la justice et de la raison, et celles de cette religion pure, sainte, éternelle comme son auteur », etc., et cette débauche de haute morale aboutit à l'abandon de tous ses enfants ! Un homme normal ne pense à rien de tout cela, et il élève les siens...

L'union, dans le même individu, d'un fort idéal moral et de mœurs décadentes constitue un terrible danger social. L'absence de santé dans les mœurs profondes et les réflexes vitaux confère à l'idéal moral je ne sais quoi d'irréel et de morbide qui le rend blessant pour la *nature* de l'homme. Les péchés d'idéalisme, d'angélisme, qui sont à la base des grandes convulsions culturelles et politiques des temps modernes, dérivent en grande partie de là. Unie à de saines mœurs, la haute moralité fait les saints ; liée à des mœurs croulantes, elle produit des utopistes et des révolutionnaires. Rousseau et Robespierre furent des êtres toujours frémissants d'émotion morale : la prédication de la vertu était en eux comme une espèce de cri d'agonie, de chant du cygne des mœurs ! La vertu, qui n'est pas équilibrée, humanisée par de bonnes mœurs est toujours menacée de devenir la proie d'un idéal chimérique et, par là même, destructeur. Ce n'est pas le moindre bienfait des saines mœurs que d'empêcher la morale de divaguer.

Un autre écueil (étroitement voisin d'ailleurs de ceux que nous avons déjà signalés) de la moralité sans mœurs, c'est d'aboutir, successivement ou simultanément, à une indignation impure contre le mal et à un consentement impur au mal.

La « morale sans mœurs », avons-nous dit, n'est pas incarnée. Le décadent a souvent faim de vertu, mais cette faim ne trouve pas de nourriture à l'intérieur de lui-même. Alors elle la cherche au dehors... Des hommes comme Rousseau ont un idéal, mais cet idéal n'est jamais descendu plus bas que leur cervelle : il ne trouve pas, dans leur être intime, dans leur nature profonde, de quoi manger et prendre corps. Mais ils n'insistent pas de ce côté-là : cela irait trop loin. Cette vertu, dont ils ne portent en eux que la faim, ils en réclament la substance au monde extérieur. Ils lui demandent d'*incarner* leur idéal ; ils chargent la société de fournir un alibi à leur impuissance ; ils ont besoin de voir sans cesse autour d'eux ce qu'ils sont incapables de vivre en eux. Et quand le monde extérieur faillit à cette mission, quelle rancœur indignée, quels cris hystériques contre le mal ! Les êtres profondément vertueux — ceux qui réalisent intérieurement leur idéal — sont beaucoup moins sensibles — j'entends de cette sensibilité chargée d'amertume et d'irritation — au mensonge et à l'injustice du monde. Ils sentent, dans leur âme et dans le Dieu qui l'emplit, assez de force et de vérité éternelles pour supporter, d'un cœur navré mais égal, le mal qui ronge le monde. Ils savent, d'une science vivante, que la justice aura le dernier mot, et cela supprime bien des scandales. Mais ceux qui appellent, avec de telles crispations d'impatience, le triomphe de leur Dieu, montrent par là qu'ils ne sont pas très sûrs de ce triomphe. Esclaves, plus que les autres encore, du monde et du siècle, ils ont besoin, pour ne pas désespérer de leur idéal, de le voir réussir dans ce monde et dans ce siècle, et leur zèle est d'autant plus amer et fiévreux que leur vide intérieur est plus profond. Ainsi Rousseau, père indigne, décerne des récompenses aux femmes qui allaitent leurs enfants et accable les éducateurs de conseils irréalisables. Il demande aux autres l'impossible dans la mesure où il n'a pas soulevé lui-même le petit doigt : cela crée une moyenne ! Les utopies morales et sociales les plus dévorantes sont nées de tels décadents qui unissent, suivant le mot de Montaigne, des « opinions supercélestes à des mœurs souterraines... ».

Mais ce dualisme aigu entre la morale et les mœurs, cet état de fièvre et de tension inhérent aux vertus mal incarnées ne saurait se maintenir bien longtemps. L'unité brisée essaie de se rétablir par la confusion. Quand l'idéal est incapable de s'incarner, c'est la chair qui s'idéalise, et l'on voit surgir un nouveau type de décadence : celui des êtres corrompus qui divinisent leur propre corruption. Une nouvelle « morale » se crée, qui justifie théoriquement l'amoralisme foncier des mœurs malades : Icare déchu goûte ce repos dans la fange promis à tous ceux que l'impossible a tentés. La décadence des mœurs produit, à son premier stade, un moralisme rigide et exalté, à son second stade, un immoralisme érigé en dogme ; elle enfante toujours, tôt ou tard, la pire morale.

Ce dualisme et cette confusion coexistent d'ailleurs en général chez les mêmes hommes et dans les mêmes doctrines. C'est le grand stigmate de toutes les morales de type manichéen que ce mélange de purisme et de laxisme. Un Rousseau, un Gide censurent, avec des raffinements surhumains de pureté, certains maux presque inhérents à la condition humaine et, en même temps, ils accueillent et glorifient les pires désordres. Ils visent simultanément plus haut que l'homme et plus bas que l'animal : leur morale est faite de vaine révolte contre la nécessité et de plate abdication devant le désordre ; elle est spécifiée par l'attrait combiné de l'impossible et de la boue.

*
* *

L'homme, pour vivre en homme, a besoin d'harmonie entre la morale et les mœurs. Les mœurs sont faites pour être couronnées par la morale, la morale est faite pour s'incarner dans les mœurs. Le péché moral, d'abord librement choisi, s'infiltre tôt ou tard dans les mœurs, et il les pourrit : nous assistons, depuis la Renaissance, à cette descente du péché dans la nécessité, à cette lente dégradation du mal moral en mal physique. Réciproquement, l'effondrement des mœurs rejaillit sur la morale : la vertu qui ne s'appuie plus sur la santé des instincts et sur celle des institutions dévie de son sillon naturel ; elle tombe, comme les nerfs mal nourris, dans la *faiblesse irritable*...

La crise morale que tout le monde dénonce aujourd'hui à l'envi est surtout une crise des mœurs. Le péché émigre de plus en plus hors de son lieu propre (la conscience et la liberté individuelles) pour s'installer, d'une part dans le domaine de la vie collective (régimes politiques et climats sociaux malsains), et de l'autre dans celui de la vie inconsciente et presque organique (nerfs faussés, instincts pervertis, etc.). La zone du mal proprement moral s'amenuise toujours davantage, de sorte que le moraliste ne sait plus très bien où finit sa tâche et où commence celle de l'homme d'État ou du médecin. Je n'ignore pas qu'une telle déroute des mœurs constitue un climat idéal pour l'éclosion des vocations héroïques ; elle fait surgir par réaction des êtres dont la pureté morale remonte le courant des mœurs et crée une nouvelle santé toute fondée sur la conscience et sur l'amour, toute portée à la pointe de l'esprit. Qu'on songe par exemple dans quelles conditions biologiques et dans quelle atmosphère sociale se trouve souvent placé aujourd'hui le devoir élémentaire de la procréation et quels tragiques obstacles il doit parfois surmonter. Mais un état de choses qui tend, pour ainsi dire, à suspendre la santé à la sainteté ne va jamais sans dangers (nous avons déjà vu lesquels) : en tout cas, il exige une force et une grandeur d'âme, qui ne sont pas à la mesure de l'humanité moyenne. Tout système social qui contribue à rendre nécessaires, *pour la majorité des hommes et dans la conduite ordinaire de leur vie*, des vertus essentiellement aristocratiques, s'avère par là malsain. Quant à la pseudo-démocratie issue de l'esprit de 89, elle ajoute l'absurdité à la malfaisance : fondée théoriquement sur la justice et l'amour à l'égard des masses, elle finit par imposer pratiquement aux individus de ces pauvres masses, s'ils veulent accomplir leur humble devoir, un héroïsme qu'il serait à peine raisonnable de demander à je ne sais quel *pusillus grex* évangélique. Si l'on cherche la raison secrète de la témérité effrayante avec laquelle les esprits révolutionnaires bouleversent des traditions et des mœurs *qui ont fait leur preuve*, on la trouve dans cette illusion « angélique » que la moralité peut et doit suffire à suppléer les mœurs détruites. Mais il n'est pas de pire méfait social que d'acculer les masses à la sainteté...

Placé au centre d'une déroute des mœurs encore inédite dans l'histoire, le moraliste doit se défier plus que jamais des constructions idéales, des systèmes universels et de l'enivrement des mots et des songes. L'éréthisme moral a été assez longtemps cultivé : c'est d'une morale *motrice* que nous avons surtout besoin aujourd'hui. Après tant de stériles débauches intellectuelles et affectives, il est temps d'apprendre aux hommes à faire passer dans leurs mains l'idéal de leur esprit et l'émotion de leur cœur. Il s'agit d'*incarner* humblement, patiemment, la vérité humaine, de lui donner un corps et une réalité dans la vie de chacun et dans la vie de tous. Le plus noble idéal n'a de sens que dans la mesure où il enfante ce pauvre effort charnel et saignant. Les bases les plus élémentaires de la nature humaine sont ébranlées : l'homme tout entier est à reconstruire. Pour cela, il ne suffit pas de prêcher, à tout le monde et à personne, du faîte de l'édifice branlant ; il faut *descendre* et en réparer, pierre à pierre, les fondements menacés.

La tâche la plus urgente de la morale consiste donc aujourd'hui à restaurer les mœurs. Il est bien insuffisant de prêcher aux âmes la santé morale, si l'on n'a pas d'yeux pour le *climat* qui les rend malades. Et cela pose des problèmes biologiques,

économiques, politiques, qu'on n'a pas le droit
d'éluder. Le moraliste ne peut plus s'isoler dans
sa science... Est-ce à dire, que la morale soit devenue
inutile, comme un faux réalisme voudrait nous
l'insinuer ? Elle a besoin au contraire d'être d'autant plus pure, plus profonde et plus délicate qu'elle
repose sur des assises moins sûres. Jadis, le moraliste et l'apôtre pouvaient s'offrir le luxe de ne
s'occuper que des choses de l'esprit et de la liberté :
on n'avait pas à s'inquiéter alors des bases physiques de l'élan moral ni d'un climat social qui,
pour être parfois très rude, n'en restait pas moins
salubre dans son essence. Aujourd'hui, la morale
la plus haute doit apprendre à se pencher sur les
plus humbles réalités, il faut qu'elle suive le mal
jusqu'au point extrême de son incarnation dans
les mœurs, car c'est de là que doit partir le remède.
Tous les traitements *locaux* — qu'il s'agisse de
sermons moraux, de systèmes politiques ou de
plans économiques — s'avèrent, pris séparément,
plus déficients que jamais. La guérison de l'humanité exige une science totale et un amour total de
l'humanité.

TABLE DES MATIÈRES

	Pages
Avant-propos	7
Préface	9
De l'esprit d'économie	17
Vie urbaine et surmenage affectif.	25
Travail et loisirs	29
Sur l'égalité et le problème des classes	34
Les grands et le peuple	43
« Libertés »	46
Égalitarisme et fonctionnarisme ou le mythe du passage à niveau	48
Marxisme et freudisme	53
L'esprit de gauche et l'esprit de droite	56
Égoïsme et sens social	64
La morale et la vie	71
Centralisation et anarchie	79
L'inégalité, facteur d'harmonie	88
Biologie des révolutions	105
Personnalisme	129
Oppression et corruption	133
La morale et les mœurs	141